我国用能权与碳排放权协同协调机制研究

高 红/著

中国环境出版集团·北京

图书在版编目（CIP）数据

我国用能权与碳排放权协同协调机制研究 / 高红著 .—北京：中国环境出版集团，2021.11

ISBN 978-7-5111-4945-9

Ⅰ. ①我… Ⅱ. ①高… Ⅲ. ①能源管理—关系—二氧化碳—排污许可证—研究—中国 Ⅳ. ① F426.2 ② X511

中国版本图书馆 CIP 数据核字（2021）第 212444 号

出 版 人 武德凯
责任编辑 田 怡
责任校对 任 丽
封面设计 宋 瑞

出版发行 中国环境出版集团
（100062 北京市东城区广渠门内大街 16 号）
网 址：http：//www.cesp.com.cn
电子邮箱：bjg1@cesp.com.cn
联系电话：010-67112765（编辑管理部）
发行热线：010-67125803，010-67113405（传真）
印 刷 北京建宏印刷有限公司
经 销 各地新华书店
版 次 2021 年 11 月第 1 版
印 次 2021 年 11 月第 1 次印刷
开 本 787 × 1092 1/16
印 张 12
字 数 270 千字
定 价 60.00 元

前 言

放眼全球，应对气候变化正成为一项紧迫而重要的任务。我国向世界宣布力争2030年前实现碳达峰，2060年前实现碳中和。为实现目标，国内经济社会发展需要全面绿色转型，走生态优先、绿色低碳的发展道路，用市场手段解决环境问题，由此国家开展了用能权交易和碳排放权交易的试点。

2011年，国家发展改革委印发《关于开展碳排放权交易试点工作的通知》。北京、上海、广东、深圳、天津、湖北、重庆等省（市）陆续开展碳排放权交易试点工作。试点之外的福建省也主动启动了省内碳排放权交易市场（简称“碳市场”）工作。2021年7月16日，全国碳市场启动线上交易，发电行业成为首个纳入全国碳市场的行业，纳入的发电行业重点排放企业单位超过2 000家。

2016年7月，国家发展改革委印发了《用能权有偿使用和交易制度试点方案》，推动浙江、福建、河南和四川开展用能权有偿使用和交易试点。近期，用能权交易试点在稳步推进。

本书通过碳排放权和用能权（以下简称“两权”）协同理论研究，即分别从碳排放权市场和用能权市场研究的必要性、各自的交易原理、体系设计及核心要素入手，对“两权”交易开展深入分析，进而找到“两权”交易的异同点和相关性；基于对用能权交易试点及碳市场交易总体情况的梳理，厘清“两权”各自的市场需求、交易特点及运行中存在的问题及难点，有针对性地提出合理有序推进“两权”交易市场协同协调机制运行的政策建议。希望本书的研究能为政府和正在进行“两权”交易的企业提供启示和帮助。

目 录

第一章

概 述

一、碳排放权、用能权研究的必要性

我国正处于新型工业化转型升级、新型城镇化提速发展的关键阶段，全国能耗和碳排放总量仍将在较长一段时期内维持在上行区间。无论是资源禀赋的现实约束，还是对全球应对气候变化和环境治理的责任担当，都要求我国探索出行之有效的能耗和碳排放管控机制。由于市场机制具有实现资源有效配置和建立有效激励机制的优势，我国积极探索用市场化手段解决温室气体排放问题和能耗问题，碳排放权交易和用能权交易作为解决上述问题的市场化工具应运而生。

从经济学角度来看，基于科斯产权理论的碳排放权交易和用能权交易的核心思想都是“将生产要素看成一种权力”，即先确定排放总量，再由市场确定排放权的价格，确定价格的过程也就是优化资源配置的过程。高耗能行业推行的碳排放权交易和用能权交易机制，是在总量控制交易模式下，通过比较实际排放以及交易主体所拥有的配额量建立起来的履约机制。两者本质上都是通过产权界定方式来处理能源消费和排放过程中的外部性问题。

从控制目标、参与对象、操作手段来看，碳排放权交易与用能权交易之间存在天然的关联性。碳排放权和用能权看似独立，实则联系紧密，它们的调控目标均是以经济提质增效、节能减排为标准。对于同为碳排放权交易和用能权交易参与主体的高耗能企业来说，碳排放权交易会促使参与者提高能效和改用低碳能源，而用能权交易通过对能耗的控制来削减参与者的碳排放量。

由此可见，用能权交易与碳排放权交易都有其存在的意义，如果将两者进行组合使用，能够产生协同效应，理论上可以更好地实现能耗控制和温室气体减排。开展“两权”交易协同研究，一方面能有效降低社会成本和企业负担，另一方面可为主管部门提供多种政策选择，并使其在能耗双控目标和温室气体减排目标的大框架下进一步优化政策。

目前，我国已经启动了碳市场，同时在试点区域开展了用能权交易，基于节能与减排的协同效应，两个市场在覆盖范围、配额分配、数据基础等机制设计的关键问题上可能存在重叠。但是，用能权交易与碳排放权交易的政策目标存在一定差异，“两权”交易仍处于试点阶段，机制设计存在不足之处，想要在现阶段真正实现“两权”协同为时尚早。因此，本书进行前瞻性的初步探讨，通过开展“两权”交易市场内在机制的深入研究，结合各市场在实践过程中存在的制度问题和运行难点，探讨二者互为补充以及实现协同协调的核心要点，为今后开展“两权”协同实践提供一定的理论基础。

二、研究内容、方法及意义

（一）研究内容

本书分别从碳排放权市场和用能权市场的交易原理、体系设计及核心要素入手，对“两权”交易开展深入分析，进而找到“两权”交易的异同点和相关性。同时，基于调研报告中对用能权交易试点及碳市场交易总体情况的梳理，在充分厘清“两权”各自的市场需求、交易特点及运行中存在的问题及难点的基础上，进一步开展协同协调机理、机制研究及实证研究，并有针对性地提出合理有序推进“两权”交易市场协同协调机制运行的政策建议。

（二）研究方法

首先广泛查阅相关文献资料，开展了文献调研及理论研究，对国内现有 8 个区域碳市场进行了充分调研，收集了各省市的相关政策、制度执行情况以及实际交易数据。其次调研梳理了用能权试点市场在建设过程中的机制设计要点、实际运行情况，并基于调研结果，采用实证分析的研究方法得出结论。

（三）研究意义

开展用能权与碳排放权协同协调机制研究能有效推进用能权市场和碳市场的协调发展，推动实现能源消费“双控”目标及碳排放总量控制目标。此外，开展“两权”交易市场协同协调机制研究还具有以下重要意义。

1. 提高资源配置效率，真正发挥市场机制作用

用能权交易与碳排放权交易虽同属于市场交易型政策工具，但却是两类不同的政策工具。用能权交易是基于能源要素投入错配假设，本质上是为了提高供给侧的资源配置效率。而碳排放权交易则是基于产出配置失衡假设，本质上是为了改善需求侧的分配不均衡问题。如果将这两类政策工具结合起来，理论上可以更好地实现节能与二氧化碳减排，从而提高资源的配置效率。

由于能源投入和碳排放具有直接对应关系，当两者均过量时，就可能发生政策间的掣肘问题。开展“两权”市场协同协调机制研究，相当于在生产的投入和产出端同时进行调整，避免因为一方约束过强而导致另一方无法实现交易，这样能耗和碳排放之间就会产生协同作用，并呈现出较好的节能减排效果。一些节能减排成本较低的区域会向成本较高的区域出售多余的用能权和碳排放权，出售用能权或碳排放权带来的收益会进一步激励各个区域实施节能减排和绿色技术创新，最终促进能源结构的持续性改善。

2. 降低政府的行政成本和市场运行成本，减轻企业负担

用能权交易及碳排放权交易针对的都是重点用能企业，在制度设计、运行机制上有很强的相似性。用能权交易以优化能源结构、提高能源利用率为目标，从源头控制能源使用；碳排放权交易以限制企业排放温室气体量、降低温室气体浓度为准则，实现末端治理。用能权统计的是企业实际消耗的各种能源的消耗量，碳排放权统计的是能源消费过程中温室气体排放总量。

若同时推进用能权交易及碳排放权交易，政府将面临“双市场”的管理成本增加问题，企业则会面临同时受两个市场管控的问题。开展“两权”市场协同协调机制研究，即在两个交易体系之间开展协同整合并建立“联合履约”机制，一方面，可以提高政府管理效率，更有利于实现能源消费“双控”目标及碳排放总量控制目标；另一方面，可将参与“两权”交易的企业列入统一名单，协同管理，在相当程度上降低企业面临的市场约束和成本负担。

三、碳排放权交易原理

（一）基本概念

气候变化问题已经成为世界各国普遍关注的热点，如何发展低碳经济、抑制温室气体的过度排放是全世界需要共同面对的重大挑战。联合国政府间气候变化专门委员会（IPCC）第五次评估报告指出，为了在21世纪末将全球升温控制在2℃以内，需要将大气中的二氧化碳含量控制在450 μl/L以内。为此，世界各国探索了诸多控制碳排放的方法，这些方法可以分为政策方法和市场方法。政策方法以庇古税为代表，通过对碳排放行为征税，提高碳排放的成本，从而使企业为了减少缴税而主动采取更加低碳的生产方式。市场方法以科斯的产权理论为代表，通过构建碳排放权交易市场，将碳排放权作为一种稀缺资源赋予企业，并允许企业间相互交易所持有的碳排放权，通过市场机制形成碳排放权的价格，达到全社会减排成本最优的配置要求。

从组织形式和交易品种来看，碳市场可以大致划分为总量控制下配额交易的强制履约市场（以下简称配额市场）和项目级碳减排市场（以下简称碳减排市场）两类。在配额市场中，政府可以通过碳排放配额的逐年收紧实现排放总量控制，超排企业需要购买碳配额用于碳排放履约。碳减排市场以碳减排项目产生的减排量凭证为交易物。在一个成熟的碳交易市场中，这两类碳市场既有各自独立运作的机制，又通过碳抵消机制相互连通。参与配额市场交易的碳排放管控企业，可以使用一定量的项目级减排量抵消自身的碳排放，从而节约碳配额。

（二）交易原理

在配额市场中，政府依据一定的配额分配方法，向所有参与碳交易的控排企业分配一定量的碳配额。由于不同企业的实际排放量可能低于或高于所分配的配额量，因此配额不足的企业需要向配额富余的企业购买碳配额用于碳排放履约。总量配额市场交易如图 1-1 所示。

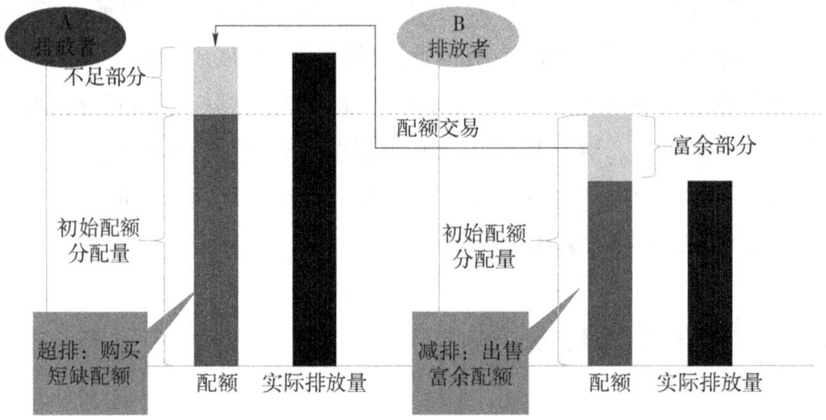

图 1-1　总量配额市场交易示意

在碳减排市场中，单个减排项目的减排量源于其实施前后不同情景下的碳排放量差额。项目实施前最有可能出现的情景称为基准线情景，项目实施后的实际情景称为项目情景。在一定边界内，基准线情景的碳排放量减去项目情景的碳排放量即为项目的减排量。根据不同碳市场的机制设计，特定类型的项目级减排量可以用于抵消总量配额市场中企业的实际碳排放（见图 1-2）。

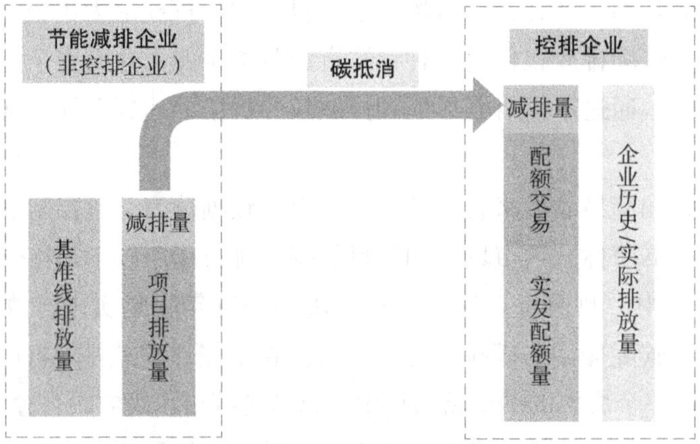

图 1-2　碳减排市场中减排量交易和抵消机制示意

四、碳排放权交易市场的发展历程

（一）国际碳市场

国际碳市场的建立和发展起始于一系列国际碳减排承诺，最先以法律形式确认的全球碳减排承诺是1997年签署的《京都议定书》。为了落实议定书规定的减排义务，欧盟各国、澳大利亚等纷纷建立了自身的碳交易市场。

欧盟碳交易体系（以下简称“EU ETS”）是当前规模最大、运行时间最长的碳交易市场。EU ETS于2005年正式启动，目前已经经历了3个交易期：2005—2007年为第一交易期，2008—2012年为第二交易期，2013—2020年为第三交易期。3个交易期内，碳排放总量不断下降，EU ETS覆盖的国家和排放领域在不断扩展，目前已经覆盖了30个国家，即所有27个欧盟成员国及冰岛、列支敦士登公国和挪威，覆盖火力发电、炼油、钢铁、水泥、玻璃、石灰、砖块、陶瓷、纸浆、纸张、板材、航空、硝酸、制铝等行业，覆盖排放量约占欧盟总排放量的50%。

相较于欧洲，美国并未形成全国统一的碳市场，但是美国部分州之间通过区域性协议的形式，形成了两个主要的碳市场：美国东北部区域温室气体减排行动（以下简称“RGGI”）和加州－魁北克碳市场。其中RGGI的控排主体仅为电力企业。加州－魁北克碳市场是美国西部气候行动（Western Climate Initiative，WCI）的一部分。

韩国于2012年通过了引入碳交易机制的法律，是第一个通过碳交易立法的亚洲国家。韩国碳交易机制于2015年1月1日启动。该机制覆盖了全国23个工业部门，总计600家履约单位，涵盖了韩国碳排放总量的55%以上。根据韩国政府的规划，韩国碳市场分为3个阶段，分别为2015—2017年、2018—2020年、2021—2025年，第一阶段的配额免费发放，第二阶段、第三阶段免费配额逐渐减少。

以上组织和国家的碳市场主要为基于总量配额交易机制的配额市场。除此之外，根据《京都议定书》的相关规定，发达国家还可以通过清洁发展机制（CDM）购买发展中国家的项目级减排量用于抵消自身的碳排放量。CDM包括从项目开发、审核、注册到签发的一整套规范化流程和数百个项目级碳减排方法学。

（二）国内碳市场

2011年10月29日，国家发展改革委办公厅下发《关于开展碳排放权交易试点工作的通知》，率先批准在北京、天津、上海、重庆、湖北、广东、深圳“两省五市”开展碳排放权交易试点工作。在经历了两年多的准备后，北京、上海、天津、广东、深圳碳市场于2013年陆续开市，而重庆和湖北于2014年开市。目前各区域碳市场已经平稳运行了6～7年。2016年12月，福建省碳市场也顺利启动，成为我国第一个自主开展碳交易的非试点省份。由于各地的产业结构、发展阶段存在差异，区域碳市场的设计要素各具特色，在碳市场运行期间也表现出了不同的特点。

在区域碳市场如火如荼开展的同时，全国碳排放权交易体系建设的相关工作也在有序开展。2017年12月，国家发展改革委发布《全国碳排放权交易市场建设方案（发电行业）》（发改气候规〔2017〕2191号），标志着我国碳排放权交易体系完成了总体设计并正式启动。按照启动方案，全国碳市场初期仅有电力行业被纳入。2018年国务院机构改革后，应对气候变化司由国家发展改革委转隶至生态环境部，此后一年内全国碳市场建设的各项工作逐步交接，并于2019年重新步入正轨。

2019年4月3日，生态环境部发布了《碳排放权交易管理暂行条例（征求意见稿）》，向公众征求意见。《碳排放权交易管理暂行条例》是中国碳市场建设的立法保障，是全国碳市场顺利运行的基础，征求意见稿的出台标志着全国碳市场制度建设取得重要进展。2019年9月25日，生态环境部发布《2019年发电行业重点排放单位（含自备电厂、热电联产）二氧化碳排放配额分配实施方案（试算版）》，标志着全国碳市场的配额分配工作取得了阶段性成果。

当前，我国各区域碳市场有序运行，同时全国统一碳市场的建设在持续推进，这两个层次的碳市场都属于总量控制型碳市场。由于这两个层次碳市场的参与企业有相当一部分并不重合，因此在未来一段时间，各区域碳市场将与全国统一碳市场同时存在。

除针对重点排放企业的碳配额交易市场外，我国也在充分借鉴CDM的基础上形成了一套完整的项目级碳减排交易机制。2012年6月，国家发展改革委颁布了《温室气体自愿减排交易管理暂行办法》（以下简称“办法”），办法明确了我国自愿碳减排项目的核算方法学、审核流程、申报备案流程、交易方式、交易物（中国核证自愿减排量，Chinese Certified Emission Reduction，简称“CCER”）。随后我国又陆续颁布了《温室气体自愿减排项目审定与核证指南》和12批共200个自愿减排方法学。在随后的几年中，国内以可再生能源发电、节能、燃料替代、农林业碳汇等为代表的一大批CCER项目先后完成备案并流向市场。目前，CCER被广泛作为各区域碳市场的碳抵消机制，为各区域碳市场内的重点排放企业提供了重要的低成本履约手段。同时，CCER项目业主（一般为低碳项目的实施方）通过碳交易获得了来自碳市场的资金支持，这对鼓励国内低碳行业发展起到了积极作用。

2017年3月14日，国家发展改革委发布了2017年第2号公告，宣布将对

《温室气体自愿减排交易管理暂行办法》进行修订，同时暂缓受理温室气体自愿减排交易备案申请。截至暂缓受理前，共有 2 856 个 CCER 项目获得公示，其中备案项目 1 315 个。在这些备案项目中，获得减排量备案的项目共 287 个，合计备案减排量 7 800 万 tCO_2。

五、用能权交易原理

建立用能权有偿使用和交易制度，是党中央、国务院推进生态文明体制改革的重大举措，是发挥市场配置资源作用的重要手段，可有力促进能源消耗总量和强度“双控”目标完成，推进经济绿色发展。

梳理用能权交易的基本原理及机制设计的核心要素，充分厘清各试点市场需求、运行及交易特点，进一步发现各试点市场在运行过程中可能存在的问题及难点，有助于开展碳交易和用能权交易的对比研究，找到两大机制的异同及相关性，为进一步开展协同协调机理的研究做好理论准备。

（一）基本概念

用能权指在能源消费总量和强度控制的前提下，用能单位经核发或交易取得允许其使用或投入生产的综合能源消费量权益，包括直接或间接使用电力、煤炭、焦炭、蒸汽、天然气等各类能源的总量限额。用能权有偿使用可以通过市场化的手段，促进企业节能减排、转型升级、提质增效，推动经济绿色发展，积极应对气候变化。

用能权交易是近年来发展出现的新型政策工具，是在区域用能总量控制的前提下，政府向各用能单位分配初始用能权指标后，允许各用能单位间或政府和用能单位间开展指标交易以满足其用能需求的行为。用能权交易的根本目标是通过建立用能权交易市场，推动实现能源消费总量控制，并实现产业调整、能源生产消费结构调整和淘汰落后产能。推行用能权交易有利于节约能源，在一定程度上可缓解能源供给紧张，并避免能源系统扩张导致的过度投资。

用能权配额（指标）是用能权交易主管部门分配给重点用能单位指定时期内的能源消费额度，也指重点用能单位用于交易的能源消费额度的数字表现形式，即 1 单位用能权指标相当于 1 t 标准煤。

用能权有偿使用指用能单位按规定通过用能权交易机构有偿获得用能权指标的行为。用能单位在规定期限内对获得的用能权指标拥有使用、转让和获取收益等权利。

用能权确权指经主管部门委托的第三方审核机构对用能单位出让的用能量进行审核与核定的过程。

用能单位指被区域人民政府用能权交易主管部门纳入用能权有偿使用和交易范围的独立法人。

（二）交易原理

用能权交易是基于科斯的产权理论提出的。根据该理论，如果能够清晰地界定主体消费能源资源的权利，并使其可交易，市场便可对这种权利的价值和分配作出判断和配置，能源消费的外部性问题就能够得到解决。按照科斯定理，用能权交易的基本原理模型如图 1-3 所示。

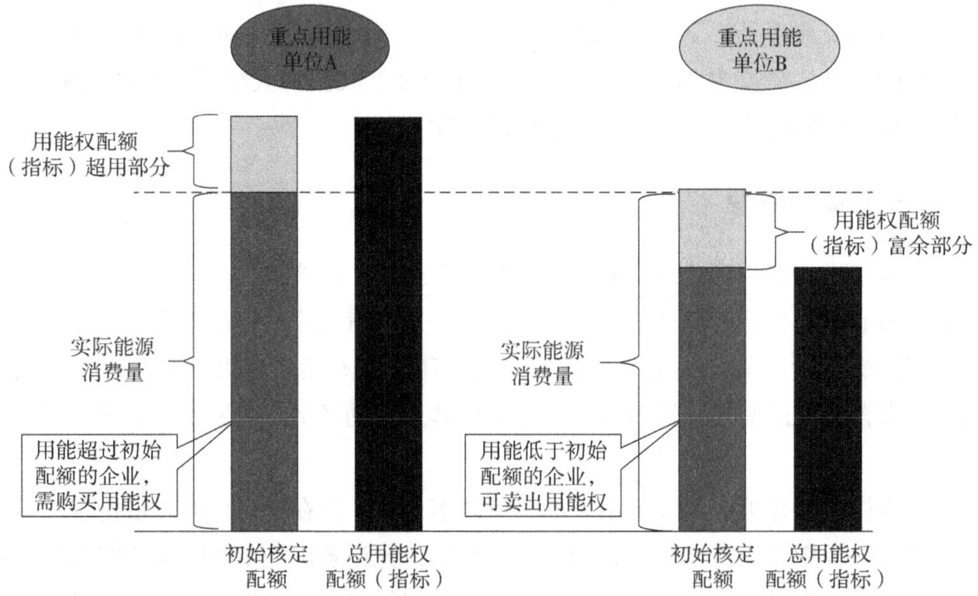

图 1-3　用能权交易的原理

用能权交易的本质是将能源资源使用权益商品化，通过建立专业的交易市场，引入市场机制对能源资源进行优化配置。用能权交易的核心目标和作用有两个：一是实现能源消费总量控制。用能单位只能拥有、使用和交易政府分配给它们的指标，不能自设指标，同时用能单位的实际能源消费量不得超过其实际拥有的用能权指标，以保证用能单位的能源消费量之和不高于政府的能源消费总量控制目标，从而使能源资源使用的公共权益得到保护。二是促进能源高效利用。一方面，用能单位之间可以按照市场交易的方式灵活调剂用能权指标，从而使能源资源配置到效率更高、更具市场竞争力的用能单位中去，提高全社会的能源使用效率；另一方面，由于“天花板”的限制，用能单位只有不断通过技术创新降低对能源的消耗和使用，才能降低成本、赢得发展机会，从而推动全社会技术进步，降低整体的节能成本。

六、用能权交易的发展历程

国内外有关用能权的理论研究与实证研究很少。国际社会主要在节能量交易方面进行了很多探索，并形成了各具特色的区域性节能量交易体系。这些制度通常采用“总量－许可证”交易模式，规定节能总目标并将其分配给特定的履约主体（主要是能源供应商和使用者）来实现。美国是国际上较早实行总量控制和配额使用以促进能源使用效率提高的国家。1999 年，美国在全国以及各州范围内推行能效配额制度，旨在控制能耗总量，提升能源使用效率。白色证书制度是目前国际上最为成熟完善的节能量交易制度之一，该制度于 2002 年在欧洲启动实施。白色证书制度是指由政府部门为特定的履约主体制定节能目标，履约主体需要在规定期限内完成节能目标，否则会受到相应惩罚。

我国在用能权概念正式提出之前，为解决能源问题，国家主管部门首先提出了节能量交易这一概念，这可以看作用能权交易起步前的尝试性探索。在节能量交易的基础上，基于能源消费总量管理指导思想，用能权的概念于 2015 年中共中央、国务院印发的《生态文明体制改革总体方案》中首次提出，2016 年“两会”召开后发布的“十三五”规划纲要再次提到用能权，明确提出建立健全用能权初始分配制度，创新有偿使用、预算管理和投融资机制，培育和发展交易市场。2016 年 7 月，国家发展改革委印发《关于开展用能权有偿使用和交易试点工作的函》（发改环资〔2016〕1659 号），开创性地提出用能权交易制度，并选择 4 个省份率先开展用能权试点，探索符合中国国情的用能权有偿使用和交易制度。

用能权交易制度作为我国资源交易制度之一，目标是通过市场化机制解决能源的配置、能源消费活动的外部性问题。与用能权制度类似的资源环境交易制度还包括排污权、碳排放权、水权交易等，这些制度在国内外均有理论和实践经验，然而用能权制度在国外并没有先例，国内对用能权的研究也处于起步阶段，目前多基于理论研究，而且用能权交易是建立在节能量交易的基础上，在控制能源消耗总量的目标前提下尽可能改进节能量交易机制中的不足，但因缺乏理论和实践经验，机制设计中必然存在一定的不足。

第二章

省、市、区碳交易试点

一、北京市碳市场运行现状

（一）市场概况

北京市碳市场自 2013 年 11 月 28 日开市至今，已持续稳定运行 8 年，市场交易活跃，交易规模持续扩大。截至 2019 年年底，各类碳排放权产品累计成交 6 045 万 t，成交额 16.3 亿元，成交均价稳居全国第一。其中，2019 年各类碳排放权产品成交 907 万 t，成交额 4.3 亿元，占累计成交量、成交额的 15% 和 26%。

（二）相关政策法规

北京市碳排放权交易试点已经形成了较为完备的“1+1+n”政策法规体系。其中，“1+1”指北京市人大立法文件和地方政府规章，即《北京市人民代表大会常务委员会关于北京市在严格控制碳排放总量前提下开展碳排放权交易试点工作的决定》（以下简称《决定》）和《北京市碳排放权交易管理办法（试行）》。“n”指碳市场建立以来，北京市发展改革委、北京市生态环境局会同有关部门出台的配额核定方法、核查机构管理办法、交易规则及配套细则、公开市场操作管理办法、行政处罚自由裁量权规定、碳排放权抵消管理办法以及北京环境交易所推出的碳排放权交易规则及细则等 20 余项配套政策文件与技术支撑文件。系统完备的政策法规体系为试点建设各项工作规范有序开展和碳市场健康发展提供了基础保障，具体见表 2–1。

表 2–1　北京碳交易试点主要政策文件

制度要素	文件名称	文件效力
实施方案	《北京市碳排放权交易实施方案（2012—2015 年）》	—
法规文件	《北京市人民代表大会常务委员会关于北京市在严格控制碳排放总量前提下开展碳排放权交易试点工作的决定》	人大决定
管理办法	《北京市碳排放权交易管理办法（试行）》	政府规章
年度工作安排	《关于开展碳排放权交易试点工作的通知》（2013 年） 《关于做好 2014 年碳排放报告报送核查及有关工作的通知》（2014 年） 《关于进一步做好碳排放权交易试点有关工作的通知》（2015 年） 《关于做好 2016 年碳排放权交易试点有关工作的通知》 《关于做好 2017 年碳排放权交易试点有关工作的通知》 《关于做好北京市 2018 年碳排放权交易试点有关工作的通知》 《关于做好本市 2018 年碳排放权交易试点履约有关工作的通知》 《北京市生态环境局关于做好 2019 年重点碳排放单位管理和碳排放权交易试点工作的通知》 《关于北京市碳排放权交易注册登记系统和数据填报系统改造升级的通知》 《关于开展部分重点碳排放单位和一般报告单位碳排放抽查工作的通知》	政府文件

制度要素	文件名称	文件效力
配额分配	《北京市碳排放权交易试点配额核定方法（试行）》 《北京市行业碳排放强度先进值制定方法》 《北京市发展改革委关于发布行业碳排放强度先进值的通知》 《北京市第二批行业碳排放强度先进值》 《北京市第三批行业碳排放强度先进值》 《交通运输企业（单位）配额核定方法》 《关于重点排放单位 2016 年度二氧化碳排放配额核定事项的通知》	政府文件
覆盖范围	《2013 年北京排放单位报告和核查名单》 《2014 年北京市重点排放单位及报送单位名单》 《2015 年北京市重点排放单位名单》 《北京市人民政府关于调整〈北京市碳排放权交易管理办法（试行）〉重点排放单位范围的通知》 《碳市场扩容后 2015 年度新增重点排放单位名单》 《2016 年北京市重点排放单位名单》 《关于公布 2017 年北京市重点排放单位及报告单位名单的通知》 《关于公布 2018 年北京市重点排放单位及报告单位名单的通知》 《北京市生态环境局　北京市统计局关于公布 2019 年北京市重点碳排放单位及报告单位名单的通知》	政府文件
登记注册	《北京市碳排放权交易注册登记系统操作指南》	政府文件
MRV	《北京市企业（单位）二氧化碳排放核算和报告指南》 《北京市碳排放权交易核查管理办法（试行）》（含《第三方核查程序指南》和《第三方核查报告编写指南》） 《北京市温室气体排放报告报送流程》 《北京市企业（单位）二氧化碳排放核算和报告指南（2017 版）》 《北京市企业（单位）二氧化碳排放核算和报告指南（2018 版）》	政府文件
抵消机制	《北京市碳排放权抵消管理办法（试行）》 《关于开展我自愿每周再少开一天车活动有关事项的通知》	政府文件
交易机制	《北京环境交易所关于碳排放权交易收费通知》 《北京环境交易所关于核证自愿减排量交易收费通知》 《北京市环境交易所碳排放交易规则（试行）》 《北京市环境交易所碳排放交易规则配套细则（试行）》 《北京市碳排放配额场外交易实施细则（试行）》 《北京市碳排放权交易公开市场操作管理办法（试行）》 《北京市环境交易所核证自愿减排量交易规则（试行）》 《北京环境交易所碳排放权交易投资者信息管理办法（试行）》 《北京环境交易所碳排放权交易资金结算管理办法（试行）》 《北京环境交易所碳排放权交易信息披露管理办法（试行）》 《北京环境交易所碳排放权交易纠纷解决办法（试行）》 《北京环境交易所碳排放权公平交易管理办法（试行）》	政府文件及其他

制度要素	文件名称	文件效力
监督管理	《关于规范碳排放权交易行政处罚自由裁量权的规定》 《节能低碳和循环经济行政处罚裁量基准（试行）》 《北京市生态环境局行政处罚自由裁量基准（试行）》	政府文件
市场连接	《关于推进跨区域碳排放权交易试点有关事项的通知》 《关于合作开展京蒙跨区域碳排放权交易有关事项的通知》	政府文件
市场过渡	《关于北京市 2016 年碳排放权交易有关事项补充的通知》	政府文件

（三）市场机制设计

碳市场的市场机制设计主要包括覆盖范围和配额分配方式。

2013 年和 2014 年，北京市纳入碳市场的重点排放单位主要为热力生产和供应、火力发电、水泥制造、石化生产、其他工业以及服务业等行业的固定设施年直接与间接排放二氧化碳 1 万 t（含）以上的单位。2013 年度纳入重点排放单位 415 家，2014 年度重点排放单位增至 543 家。自 2016 年起，北京市重点排放单位的覆盖范围调整为北京市行政区域内的固定设施和移动设施年二氧化碳直接与间接排放总量 5 000 t（含）以上，且在中国境内注册的企业、事业单位、国家机关及其他单位，其中，移动设施仅涵盖公共电汽车客运（5 411）、城市轨道交通（5 412）两个行业。2016 年 3 月 15 日，北京市发展改革委公布了北京碳市场扩容后新增的 430 家 2015 年度重点排放单位名单。2020 年 3 月 16 日，北京市生态环境局、北京市统计局公布了 2019 年北京市 843 家重点排放单位名单和 634 家报告单位名单。

在配额分配方面，北京市生态环境局核定履约机构的碳排放权配额，并进行逐年免费分配，坚持“适度从紧”的原则，同时预留不超过年度配额总量的 5% 用于定期拍卖和临时拍卖，有效保证了北京碳市场的总体稳定。在实际操作中，北京市尚未出现配额拍卖。履约机构配额总量包括既有设施配额（指 2013 年 1 月 1 日之前投入运行的固定设施）、新增设施配额、配额调整量三部分，其中，既有制造业、其他工业和服务业企业（单位）设施配额核定采用历史总量法；既有供热和火力发电企业采用历史强度法；新增设施配额核定依据所属行业碳排放强度先进值测算。已完成配额核定的重点排放单位，如果提出了配额变更申请，市主管部门对有关情况进行核实，确有必要的，在次年履约期前参考第三方核查机构的审定结论，对排放配额进行相应调整。

对于当年新增重点排放单位，且满足条件进行既有设施二氧化碳排放配额调整的，可申请既有设施配额调整，按加权平均方法核定其历史基准年份二氧化碳排放量，核发既有设施配额；对于存在新增设施的重点排放单位，根据重点排放单位上一年度新增设施实际活动水平及该行业碳排放强度先进值核发新增设施配额。北京市政府定期开展行业碳排放先进值研究，为配额核发提供基础数据支撑。

按照北京碳市场最初设计，当年的碳配额于6月30日前通过“北京市碳排放权交易注册登记系统”（以下简称“注册登记系统”）以电子凭证的形式发放到各重点排放单位的账户。在实际操作中，由于既有设施与新增设施配额核算方法存在不同，因此两类设施所对应的配额也采取了分批发放的方式。

2019年，北京市生态环境局按照以下规则核发了2018履约年度的配额：

（1）关于既有设施配额核发。考虑北京市产业结构优化调整、落后行业淘汰退出等因素，按照适度从紧原则，于2019年4月15日前核发既有设施碳排放配额。

（2）关于既有设施配额调整。对满足条件进行既有设施二氧化碳排放配额调整的重点碳排放单位，可申请既有设施配额调整。需按照既有设施配额申请材料及相关要求准备材料，于2019年5月15日前提交申请。市生态环境局根据实际情况，采用加权平均方法核定历史基准年份二氧化碳排放量，并于2019年6月15日前核发调整后既有设施配额。往年已提交既有设施配额调整申请的重点碳排放单位，本年无须提交。

（3）关于新增设施配额核发。对于存在新增设施的重点碳排放单位，需按照新增设施配额申请材料及相关要求准备材料，于2019年5月15日前提交2018年新增设施配额申请。北京市生态环境局根据重点碳排放单位2018年新增设施实际活动水平及行业碳排放强度先进值，于2019年6月30日前核发2018年新增设施配额。

（四）监测报告核证（MRV）体系

北京市二氧化碳排放报告制度遵循“谁排放谁报告”原则及“完整性、一致性、可比性、透明性、客观性”等原则。一般情况下，固定设施所有者是二氧化碳排放报告责任方。对于大型公共建筑，直接和间接排放二氧化碳的固定设施的运营企业（单位）是报告责任主体。大型公共建筑的出租方有义务敦促承租方尽其责任。年度报告报送流程如下：①重点排放单位完成排放报告初次填报；②核查机构查看排放报告并开展核查工作；③重点排放单位修改调整排放报告，最终提交最新排放及核查报告。具体时间节点以主管部门发布的年度通知为准。

根据《北京市生态环境局关于做好2020年重点碳排放单位管理和碳排放权交易试点工作的通知》，重点碳排放单位和一般报告单位应按照《北京市企业（单位）二氧化碳排放核算和报告指南》，核算本单位2019年度碳排放数据，建立二氧化碳监测和报告机制，制订年度监测计划，并于 2020 年 5 月 31 日前通过北京市应对气候变化数据填报系统（以下简称填报系统），报送 2019 年度碳排放报告。一般报告单位在完成系统填报后，应向北京市生态环境局提交加盖公章的纸质版碳排放报告；重点碳排放单位应从填报系统第三方核查机构目录库中自行委托对应行业的核查机构，开展碳排放报告核查工作，待核查工作结束后，于 2020 年 6 月 30 日前，提交加盖公章的与第三方核查结论一致的纸质版碳排放报告。

为确保数据的准确性和真实性，北京市生态环境局组织专家对核查报告进行评审，组织第四方核查机构对重点排放单位提交的核查报告进行抽查。对于一般报告单位，如其上报二氧化碳排放量接近 5 000 t，但与利用统计数据核算的排放量差异较大，北京市生态环境局将组织第三方核查机构进行复查。复查后二氧化碳排放量大于 5 000 t（含 5 000 t）的单位将纳入重点碳排放单位管理。

北京市率先对新增固定资产投资项目实行碳排放评价工作，从源头降低碳排放；率先实行第三方核查机构和核查员的“双备案”制度，对碳排放报告实行第三方核查、专家评审、核查机构第四方交叉抽查，切实保障碳排放数据质量。

在第三方核查机构管理方面，北京市率先实行了核查机构和核查员的“双备案”制度，对碳排放报告实行第三方核查、专家评审、核查机构第四方交叉抽查，切实保障碳排放数据质量；率先探索开展碳排放管理体系建设，支持重点排放单位通过加强精细化管理控制碳排放，逐步从政府采购碳排放数据过渡到企业采购第三方核查服务的市场机制。2018 年 6 月至 12 月，根据《关于开展碳排放权交易第三方核查机构专项监察的通知》（京发改〔2018〕1314 号），北京市发展改革委对全市碳排放权交易第三方核查机构开展了专项监察。

目前，北京市已经形成了完善的监测报告核证（MRV）体系，已建立碳排放数据电子报送系统，发布了 6 个行业的排放核算与报告指南、监测指南、核查程序指南、核查报告编写指南以及核查机构管理办法。根据 2017 年北京市发布的碳排放第三方核查机构和核查员名单，北京碳市场共有第三方核查机构 35 家，核查员 467 名。

（五）交易体系

1. 交易参与人

北京碳排放权交易的主体称为交易参与人，交易参与人是指符合北京环境交易所规定的条件，并签署《碳排放权入场交易协议书》的法人、其他经济组织或自然人，具体分为履约机构交易参与人、非履约机构交易参与人和自然人交易参与人三类。开户条件分别如下：

履约机构交易参与人即承担履约责任的重点排放单位以及参照重点排放单位管理的报告单位。其他机构参与人为非履约机构交易参与人。非履约机构参与人需满足以下要求：在国内注册且注册资本不低于300万元人民币，依法设立满两年（在北京市或在与北京市开展跨区域碳排放权交易合作且有实质性进展的地区登记注册满一年的）并有效存续的法人。

北京市允许自然人交易参与人参与交易，但是为了控制交易风险，设定了较为严格的条件，其核心的抗风险要求为参与人的个人金融资产不少于100万元。此外，交易所、第三方机构和政府主管部门相关人员不得作为自然人交易参与人。

2. 交易产品

北京碳市场启动之初的交易产品主要包括两类四种，分别是碳排放配额和经审定的项目减排量。碳排放配额（Beijing Emission Allowance，BEA）是指由北京市发展改革委核定的，允许重点排放单位在本市行政区域一定时期内排放二氧化碳的数量，单位以吨二氧化碳（tCO_2）计。经审定的项目减排量是指由国家发展改革委或北京市发展改革委审定的核证自愿减排量（CCER）、节能项目和林业碳汇项目的碳减排量等，单位以吨二氧化碳当量（tCO_2e）计。

2017年，北京市发展改革委发起“我自愿每周再少开一天车”活动，并宣布该活动产生的自愿停驶减排量可以作为北京碳市场的抵消，该部分减排量目前也是碳市场交易产品之一。但是其主要用于一次性出售给履约企业实现碳抵消，流动性较差。

3. 交易方式

北京碳市场的交易方式分为线上公开交易和线下协议转让两大类。

线上公开交易指交易参与人通过交易所交易系统，发送申报/报价指令参与交易的方式。申报的交易方式分为整体竞价交易、部分竞价交易和定价交易三种方式。整体交易方式：只能由一个应价方与申报方达成交易，每笔申报数量须一次性全部成交，如不能全部成交，则交易不能达成。部分交易方式：可以由一个或一个以上应价方与申报方达成交易，允许部分成交。定价交易方式：可以由一个或一个以上应价方与申报方以申报方的申报价格达成交易，允许部分成交。线上公开交易三种方式的比较见表2-2。

线下协议转让是指符合《北京市碳排放配额场外交易实施细则（试行）》规定的交易双方，通过签订交易协议，并在协议生效后到交易所办理碳排放配额交割与资金结算手续的交易方式。根据要求，两个及以上具有关联关系的交易主体之间的交易行为（关联交易），以及单笔配额申报数量10 000 t及以上的交易行为（大宗交易）必须采取协议转让方式。

表 2-2　线上公开交易三种方式的比较

	整体交易	部分交易	定价交易
成交价格	最优价格	优于底价	底价成交
成交数量	全部成交	部分成交	部分成交
成交时间	自由报价期 + 限时报价期	自由报价期	即刻成交
对手方数量	唯一对手方	多个对手方	多个对手方
适用情况	寻找最优价格，固定成交量	寻找最优价格，可以接受部分成交	快速成交，对价格无更高追求

（六）风险管理制度

为了应对交易过程中市场潜在的运行风险，北京碳市场目前推出了以下三种风险管理制度：

诚信保证金制度。诚信保证金制度是指非履约机构交易参与人参与交易须按规定缴纳诚信保证金。诚信保证金的收取标准为 2 万元人民币。非履约机构交易参与人发生违规违约行为，给其他交易方或交易所造成损失的，交易所有权在作出处理决定的同时扣除部分或全部诚信保证金。非履约机构交易参与人申请注销资格的，经交易所审核同意并无违规违约情况的，将原额无息退还诚信保证金。

涨跌幅限制制度。公开交易方式的涨跌幅限制为当日基准价的 20%。基准价为上一交易日所有通过公开交易方式成交的交易量的加权平均价，计算结果按照四舍五入原则取至价格最小变动单位。上一交易日无成交的，以上一交易日的基准价为当日基准价。

最大持仓量限制制度。最大持仓量是指交易所规定交易参与人可以持有的碳排放配额的最大数额。履约机构交易参与人碳排放配额最大持仓量不得超过本单位年度配额量与 100 万 t 之和。非履约机构交易参与人碳排放配额最大持仓量不得超过 100 万 t。自然人交易参与人碳排放配额最大持仓量不得超过 5 万 t。机构交易参与人开展碳配额抵押融资、回购融资、托管等碳金融创新业务，需要调整最大持仓量限额的可向交易所提出申请，并提交抵押、回购、托管合同等相关证明材料，可适当上调持仓量。

（七）抵消机制

在试点省市中，北京市率先出台了《北京市碳排放权抵消管理办法（试行）》，允许重点排放单位使用以下经审定的碳减排量来抵消一定比例的碳排放：核证自愿减排量（CCER）、节能项目碳减排量、林业碳汇项目碳减排量。碳抵消使用比例不得高于当年排放配额数量的5%，其中来自京外项目产生的CCER不得超过2.5%。

对于CCER而言，重点排放单位可用于抵消的CCER应同时满足如下要求：

（1）2013年1月1日后实际产生的减排量。

（2）京外项目产生的CCER不得超过其当年核发配额量的2.5%。优先使用河北省、天津市等与本市签署应对气候变化、生态建设、大气污染治理等相关合作协议地区的CCER。

（3）非来自减排氢氟碳化物（HFCs）、全氟化碳（PFCs）、氧化亚氮（N_2O）、六氟化硫（SF_6）气体的项目及水电项目的减排量。

（4）非来自本市行政辖区内重点排放单位固定设施的减排量。

对于节能项目碳减排量，需满足以下要求：

（1）来自本市行政辖区内2013年1月1日后签订合同的合同能源管理项目或2013年1月1日后启动实施的节能技改项目。

（2）须是实际产生了碳减排量的节能项目。

（3）碳减排量按照节能项目连续稳定运行1年间实际产生的碳减排量进行核算。

（4）重点排放单位实施的节能项目产生的碳减排量除外。

（5）未完成国家、本市或所在区县上年度的节能目标的单位实施的节能项目产生的碳减排量除外。

（6）试点期节能项目类型包括但不限于锅炉（窑炉）改造、余热余压利用、电机系统节能、能量系统优化、绿色照明改造、建筑节能改造等，且采用的技术、工艺、产品先进适用，暂不考虑外购热力等相关的节能项目。

北京碳市场对于林业碳汇项目设置了相对宽松的入市交易条件。经备案但未签发的CCER林业碳汇项目，在满足以下条件后可以入市交易：

（1）来自本市辖区内的碳汇造林项目和森林经营碳汇项目。

（2）碳汇造林项目用地为2005年2月16日以后的无林地。

（3）森林经营碳汇项目于2005年2月16日之后开始实施。

（4）项目业主应具备所有地块的土地所有权或使用权的证据，如区（县）人民政府核发的土地权属证书或其他有效的证明材料。

（5）项目应取得市园林绿化局初审同意的意见。

另外，根据北京市发展改革委《关于开展我自愿每周再少开一天车活动有关事项的通知》，本市牌照的机动车车主通过参与“我自愿每周再少开一天车”活动获得的减排量也可以用于碳市场抵消。参与人通过在微信或支付宝小程序拍照并上传停驶前后的里程表读数参与活动，经审核后可以获得减排量。该减排量定期由北京市内投资机构统一收购，并最终用于本地重点排放企业的碳抵消。

（八）市场履约和监管机制

重点排放单位应于每年 6 月 15 日前完成上一年度的碳排放配额清缴工作（履约）。对未按规定完成履约的重点排放单位，将依据市人大常委会的《决定》和《关于规范碳排放权交易行政处罚自由裁量权的规定》（京发改规〔2014〕1 号）进行处罚。重点排放单位超出配额许可范围排放的，除需限期履行控排责任外，可根据其超出配额许可范围的碳排放量，按照市场均价的 3～5 倍予以处罚。未按规定报送碳排放报告或第三方核查报告且逾期未改正的，可以对排放单位处以 5 万元以下的罚款。

2018 年国务院机构调整后，应对气候变化工作转隶至生态环境部，北京市碳交易相关管理职能也于 2019 年由北京市发展改革委转移到北京市生态环境局。根据《北京市生态环境局关于做好 2019 年重点碳排放单位管理和碳排放权交易试点工作的通知》（京环发〔2019〕6 号），自 2019 年 4 月 16 日起，北京市生态环境局对未按规定报送碳排放报告的单位进行执法；5 月 16 日起，对未按规定报送碳排放核查报告的重点碳排放单位进行执法；9 月 1 日起，对逾期未按时完成履约的重点碳排放单位进行责令整改，责令整改期结束后，对未完成整改的重点碳排放单位将依法进行处罚。

（九）市场运行情况

1. 交易情况

北京碳排放配额（BEA）是北京碳市场的核心交易产品。开市以来，BEA 共成交 3 600 万 t，成交额 14.7 亿元，分别占各类产品累计成交量、成交额的 59.57% 和 89.90%。图 2-1 为各履约年度 BEA 成交情况，其中，2019 年履约期对比历年数据，无论是成交量还是成交额均呈明显上升趋势。2019 年，虽然成交量同比涨幅有所下降，但因为交易价格上涨，BEA 成交额同比上涨 49.75%，创历史新高，体现了各类交易参与人对北京碳市场的良好预期。2019 年北京碳市场公开交易时效性强、活跃程度较高，适用于单笔交易需求在 10 000 t 以下的交易参与人。

2019 年以来，BEA 公开交易价格一直维持在 60～90 元 /t，呈现出“起点高、走势稳”的特点（见图 2-2）。

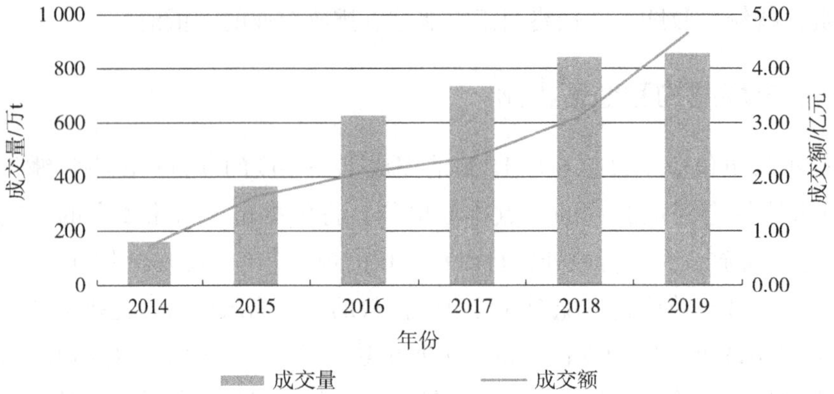

图 2-1 各履约年度 BEA 成交情况

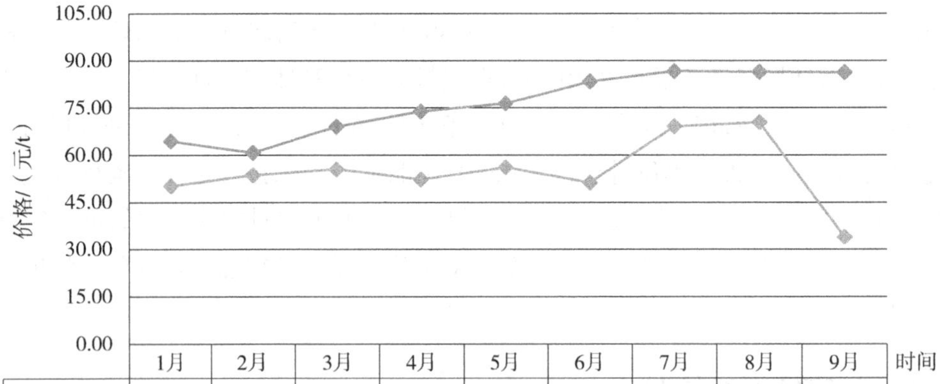

	1月	2月	3月	4月	5月	6月	7月	8月	9月
2018年	50.17	53.66	55.55	52.30	56.13	51.29	69.10	70.40	33.97
2019年	64.43	60.79	69.07	73.86	76.46	83.46	86.73	86.50	86.35

图 2-2 2018 年、2019 年 1—9 月 BEA 公开交易月度成交均价对比

2019 年，BEA 协议转让成交 961.94 万 t，成交额 3.14 亿元，占总成交量、成交额的 61.15% 和 42.09%。

2. 抵消产品交易

根据《北京市碳排放权抵消管理办法（试行）》，北京碳市场可以交易的抵消产品分为四类：中国核证自愿减排量（CCER）、林业碳汇、节能项目的减排量和自愿停驶减排量。

2019 年，北京碳市场 CCER 成交量 207.9 万 t，成交额 1 359 万元，共涉及 25 个自愿减排项目（图 2-3）。其中，线上成交 4.9 万 t，成交额 52 万元，成交均价 10.71 元 /t；协议转让成交 203 万 t，成交额 1 307 万元，成交均价 6.44 元 /t。从成交方式来看，协议转让在 CCER 全部成交量、成交额中的占比均超过 97%。

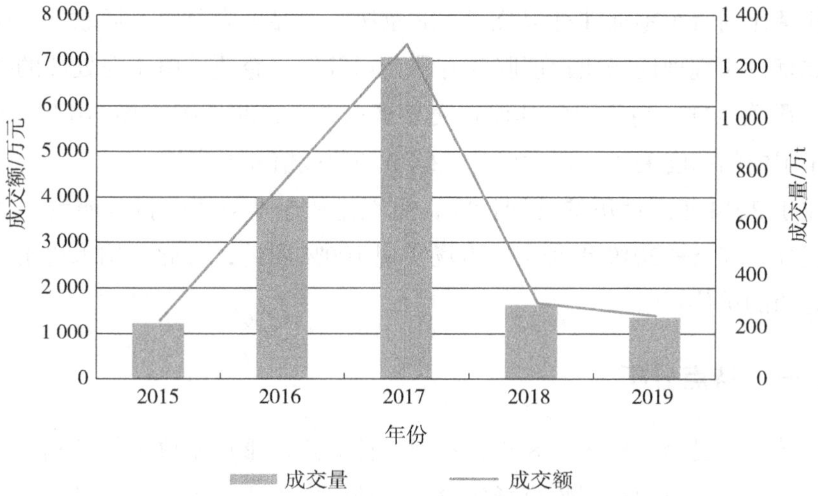

图 2-3 各履约年度 CCER 成交情况

北京林业碳汇也是北京碳市场特色的抵消机制之一。在各类抵消产品中，由于市场供给有限，林业碳汇减排量的成交价格远高于 CCER。截至 2019 年年底，林业碳汇共成交 60 笔，成交量 28 万 t，成交额 623 万元，成交均价 22.52 元 /t。2019 年，林业碳汇成交 1.2 万 t，成交额 16 万元。

自愿停驶减排量作为北京碳市场的另一个创新举措，也可以作为本地碳市场的抵消机制。机动车停驶减排量是北京碳市场成交价格最高的抵消产品。2019 年，机动车停驶减排量成交 45 652 t，成交额 178.4 万元，成交均价 38.8 元 /t。其中，公开交易成交 652 t，成交额 2.9 万元，成交均价 45.00 元；协议转让成交 45 000 万 t，成交额 175.5 万元，成交均价 39.00 元 /t。

（十）履约和处罚情况

为了保证北京碳市场的顺利履约，北京市主管部门在 2014 年首个履约期期间密集作出了相关部署：3 月下发《北京市发展和改革委员会关于开展 2014 年碳排放报告报送核查及履约情况专项监察的通知》，定于 2014 年 3—7 月开展碳排放报告、第三方核查报告报送及履约情况专项监察。4 月再次督促企业报送碳排放报告。5 月印发《关于规范碳排放权交易行政处罚自由裁量权的规定》。6 月再次敦促重点排放单位加快开展履约工作，对未在 6 月 27 日前完成履约的重点排放单位，将依据《关于规范碳排放权交易行政处罚自由裁量权的规定》按照市场均价的 3～5 倍予以处罚。6 月 30 日，北京节能监察大队对未完成碳排放配额履约的单位实施现场监察并立案处理。最终大队对超配额排放且未按期履约的 10 家单位下达了行政处罚决定书，罚款金额共计 670 万元。受处罚的企业包括百盛商业发展有限公司、北京现代摩比斯汽车零部件有限公司、北京统一饮品有限公司、微软（中国）有限公司和北京世邦魏理仕物业管理服务有限公司等知名企业。由于受处罚的企业知名度较高、罚款金额远高于国内其他碳交易试点省市，北京碳市场2014年度履约处罚受到了国内的高度关注，大大提升了碳市场的威信和严肃性。

得益于2014年度严厉的处罚措施，重点排放企业对于碳排放履约工作重视程度大幅提高，2015—2019年北京碳市场实现100%履约，且此后均未再出现因未履约而被处罚的单位。

（十一）特点分析

北京碳市场已经平稳运行8年，不但支持北京市重点排放单位顺利完成了最近几年的履约工作，也为全国碳市场建设和全球碳定价积累了丰富的经验，形成了自身鲜明的特点。

（1）形成了完备的政策法规体系。自2013年开市以来，北京碳交易试点已形成“1+1+n”的完备政策法规体系。其中既包括北京市人大立法和北京市政府规章，也包括市发展改革委、生态环境局会同有关部门出台的配额核定方法、核查机构管理办法、交易规则及配套细则、公开市场操作管理办法、行政处罚自由裁量权规定、碳排放权抵消管理办法，还包括北京环境交易所推出的碳排放权交易规则及细则等20余项配套政策文件与技术支撑文件等。完备的政策法规体系为北京碳市场试点建设各项工作规范、有序和健康发展提供了基础保障。

（2）碳价稳定合理。为保障市场健康稳定运行，北京市率先出台了公开市场操作管理办法，实行市场交易价格预警，超过20～150元/t的价格区间将可能触发配额回购或拍卖等公开市场操作程序。北京碳市场运行以来，年度成交均价始终在50元/t左右，相比于国内其他试点地区市场，北京碳市场的碳价较高，有利于激励企业重视节能减排工作。同时，北京的碳价波动较小，有利于市场控排主体形成稳定的减排预期。总体而言，北京碳市场的碳价稳定合理，客观反映了较为平衡的市场供求关系。

（3）参与主体全面。北京市参与碳排放交易的排放单位范围广、类型多，不仅覆盖了电力、热力、水泥、石化、交通运输、其他工业和服务业七个行业类别，还包括高校、医院、政府机关等公共机构。从参与企业性质来看，中央在京单位的比例接近30%，在各试点省市中参与交易的央企数量最多，外资及合资企业约占20%，包括多家世界500强企业。特别值得一提的是，北京市是目前国内唯一将移动排放源纳入温室气体管控的试点城市，具体纳入的为轨道交通和公共电汽车两个行业的移动源排放。截至2019年年底，已有近千家企、事业单位和投资机构成为北京环境交易所的交易会员单位，参与北京碳市场活动。

（4）市场层次丰富。北京碳市场包括碳配额市场和碳抵消市场。其中，碳配额（BEA）市场控排门槛逐步降低、纳入控排的覆盖范围不断增加，通过市场机制有力推进北京市实现节能减排目标；碳抵消市场在中国核证自愿减排量（CCER）的基础上，还纳入了林业碳汇项目、节能项目、“我自愿每周再少开一天车”活动等多种方式产生的经审定的碳减排量。在现货的基础上，北京碳市场还应用了场外掉期、期权、回购、抵质押、中碳指数等工具。此外，承德、呼和浩特、鄂尔多斯等地区相继加入北京碳市场体系，市场层次不断丰富。

（5）严格的碳交易履约执法。严格的履约执法保障各个控排主体公平参与碳减排活动，是保障碳配额市场交易有效运行不可或缺的制度。北京碳市场开市以来，依据市人大常委会《决定》，及时披露信息并严格执法，对未按照规定上报排放报告和核查报告的排放单位进行责令改正，对未按照规定履约的重点排放单位下达责令限期完成履约的通知并开展碳交易执法，有效地保障了碳市场高质量运行。

二、上海市碳市场运行现状

（一）市场概况

上海市于 2013 年 11 月 26 日正式启动了试点碳市场交易。目前，上海碳市场已稳定运行超过 8 年，初步形成了具有碳排放管理特点的交易制度，也逐步发展起了服务于碳排放管理的交易市场，同时在碳金融领域进行了一些探索及创新。

上海碳市场发展可分为两个阶段。第一阶段为 2013 年 11 月至 2016 年 6 月，上海市一次性分配了 2013—2015 年的配额，并根据配额年份设定了不同的交易产品。第二阶段为 2016 年 7 月至今，交易产品不再区分年份，采用统一代码 SHEA。

2013 年 11 月 26 日至 2019 年 12 月 31 日，上海碳市场现货产品 SHEA 与 CCER 累计成交 1.28 亿 t，累计成交额 13.91 亿元；其中，SHEA 成交 3 950.79 万 t，成交额 8.26 亿元；CCER 成交 8 889.24 万 t。远期产品 SHEAF 累计成交 42 108 个（双边），累计成交量 421.08 万 t，累计成交额 1.51 亿元。

（二）相关政策法规

上海市在推进碳交易试点工作中坚持制度先行，在碳交易正式启动前，已建设了较为完善的制度和管理体系，相关管理机制主要由市政府、主管部门和交易所制定。

其中市政府层面的制度主要是地方政府规章，涉及上海市碳交易的法律基础、指导性文件、市场交易等领域的规章和技术标准，共计约21个，如《上海市人民政府关于本市开展碳排放交易试点工作的实施意见》《上海市碳排放管理试行办法》等。其中后者明确建立起了总量与配额分配制度、企业监测报告与第三方核查制度、碳排放配额交易制度、履约管理制度等碳排放交易市场的核心管理制度，明确了各方相应的法律责任。

市级碳交易主管部门制定出台的《上海市温室气体排放核算与报告指南（试行）》《上海市2013—2015年碳排放配额分配和管理方案》《上海市碳排放配额登记管理暂行规定》《上海市碳排放核查第三方机构管理暂行办法》和《上海市碳排放核查工作规则（试行）》等文件，明确了碳交易市场中配额分配、碳排放核算、第三方核查等制度的具体技术方法和执行规则。

交易所制定发布的《上海环境能源交易所碳排放交易规则》和会员管理、风险防范、信息发布等配套细则，明确了交易开展的具体规则和要求（见表2-3）。

表2-3 上海碳交易试点主要政策文件

制度要素	文件名称	文件效力
实施方案	《上海市人民政府关于本市开展碳排放交易试点工作的实施意见》	—
管理办法	《上海市碳排放管理试行办法》	政府规章
年度工作安排	《关于及时做好2016年度碳排放配额清缴工作的通知》 《上海市发展改革委关于本市碳排放交易试点阶段碳排放配额结转有关事项的通知》 《上海市发展和改革委员会关于做好本市碳排放交易2017年度履约工作的通知》 《上海市生态环境局关于做好本市碳排放交易2018年度履约工作的通知》 《上海市生态环境局关于开展本市碳排放交易企业2018年度核查工作的通知》 《上海市生态环境局关于开展本市2019年度碳排放报告与核查及新增发电行业重点排放单位相关材料报送工作的通知》 《关于开展2019年度碳排放监测计划填报工作的通知》	政府文件
总量配额	《上海市发展和改革委员会关于印发〈上海市2013—2015年碳排放配额分配和管理方案〉的通知》 《关于有偿发放上海市2013年度碳排放配额实施清缴期调控的公告》 《上海市发展和改革委员会关于印发〈上海市2016年碳排放配额分配方案〉的通知》	政府文件

制度要素	文件名称	文件效力
总量配额	《关于上海市碳排放配额有偿竞价发放的公告》 《上海市 2017 年碳排放配额分配方案》 《上海市发展和改革委员会关于印发〈上海市 2018 年碳排放配额分配方案〉的通知》 《上海市生态环境局关于上海市碳排放配额有偿竞价发放的公告》	政府文件
覆盖范围	《上海市发展改革委关于公布本市碳排放交易试点企业名单（第一批）的通知》 《关于印发〈上海市碳排放交易纳入配额管理的单位名单（2016 版）〉的通知》 《关于印发〈上海市碳排放交易纳入配额管理的单位名单（2017 版）〉的通知》 《关于印发〈上海市碳排放交易纳入配额管理的单位名单（2018 版）〉的通知》	政府文件
登记注册	《上海市发展改革委员会关于印发〈上海市碳排放配额登记管理暂行规定〉的通知》	政府文件
MRV	《上海市碳排放核查工作规则（试行）》 《上海市温室气体排放核算与报告指南（试行）》 《上海市碳排放核查第三方机构管理暂行办法》 《上海市电力、热力生产业温室气体排放核算与报告方法（试行）》 《上海市旅游饭店、商场、房地产业及金融业办公建筑温室气体排放核算与报告方法（试行）》 《上海市运输站点行业温室气体排放核算与报告方法（试行）》 《上海市非金属矿物制品业温室气体排放核算与报告方法（试行）》 《上海市纺织、造纸行业温室气体排放核算与报告方法（试行）》 《上海市有色金属行业温室气体排放核算与报告方法（试行）》 《上海市化工行业温室气体排放核算与报告方法（试行）》 《上海市钢铁行业温室气体排放核算与报告方法（试行）》 《上海市航空运输业温室气体排放核算与报告方法（试行）》 《上海市生态环境局关于开展本市碳排放交易企业 2018 年度核查工作的通知》	政府文件
抵消机制	《关于本市碳排放交易试点期间有关抵消机制使用规定的通知》 《关于本市碳排放交易试点期间进一步规范使用抵消机制有关规定的通知》 《关于本市碳交易试点企业使用国家核证自愿减排量进行 2014 年度履约清缴有关工作的通知》 《关于本市碳交易企业使用国家核证自愿减排量进行 2017 年度履约清缴有关工作的通知》	政府文件

制度要素	文件名称	文件效力
交易机制	《上海环境能源交易所碳排放交易风险控制管理办法（试行）》 《上海环境能源交易所碳排放交易规则》 《上海环境能源交易所碳排放交易会员管理办法（试行）》 《上海环境能源交易所碳排放交易信息管理办法（试行）》 《上海环境能源交易所碳排放交易机构投资者适当性制度实施办法（试行）》 《上海环境能源交易所碳排放交易结算细则（试行）》 《上海环境能源交易所碳排放交易违规违约处理办法（试行）》 《上海碳配额远期业务规则》 《上海环境能源交易所借碳交易业务细则（试行）》 《上海环境能源交易所协助办理 CCER 质押业务规则》	政府文件及其他
监督管理	《上海环境能源交易所碳排放交易违规违约处理办法》	政府文件及其他

（三）市场机制设计

2013 年上海碳交易试点启动初期，共纳入了钢铁、电力、化工、航空等 16 个工业及非工业行业的 191 家企业。2016 年以后，为进一步加强碳排放管理力度，纳入的管理行业及企业范围逐步扩大，目前，上海年排放 2 万 t 以上的所有工业企业，航空、港口、水运等高排放非工业企业及部分建筑等涉及 27 个行业的近 300 家企业已纳入管理。

总量控制制度是上海碳排放交易试点制度中的核心制度和基础要素，在试点启动初期就明确建立了总量控制制度。试点以来，上海市结合阶段碳排放强度下降目标、能源管理控制目标、经济增长、能源结构、产业结构等多重因素，通过“自上而下”和“自下而上”相结合的方法确定并适时公布配额总量目标。

上海碳配额在分配上不断优化，逐步形成较为公平且符合上海实际的配额分配方法。配额分配的核心是碳排放控制目标的分解和各法人主体责任的确定，对管理目标的实现和市场的发展都有非常重大的影响。上海碳交易试点期间，在配额分配发放方法和发放方式上不断优化，由简单的基于历史总量的历史排放法起步，逐步向管理精度更高的基于效率的历史强度法和基准线法过渡。在发放方法上，对发电、电网和供热等电力、热力行业企业采用行业基准线法；对产品产量与碳排放量相关性高且计量完善的工业企业，以及航空、港口、水运、自来水生产行业企业，采用历史强度法；对商场、宾馆、商务办公、机场等建筑，以及产品复杂、近几年边界变化大、难以采用行业基准线法或历史强度法的工业企业，采用历史排放法。发放方式上，从全部免费转向部分有偿，结合高碳能源使用提出免费发放比例（93%～99%），体现区域能源结构调整导向。

（四）监测报告核证（MRV）体系

上海市制定形成并正式发布了《上海市温室气体排放核算与报告指南（试行）》以及钢铁、电力、热力、化工等9个行业的碳排放核算方法，形成了“9+1”的温室气体核算和报告模式，初步建立了一套统一的碳排放报告和核算方法体系。

在温室气体核算方面，温室气体排放量可基于计算或测量两种方法核算。同一排放主体的温室气体排放量可以通过上述任一种方法获得，但如果采用测量的方法则应通过计算法验证测量法的结果。

在监测报告核查方面，上海碳交易试点中，围绕以下核心要求开展了监测报告核查体系建设：一是技术方法科学合理。率先制定出台企业温室气体排放核算与报告指南及9个行业的碳排放核算方法，明确了核算边界、核算方法以及年度监测和报告要求。二是严格核查机构管理，核查规则明晰且具有可操作性。出台了《上海市碳排放核查第三方机构管理暂行办法》《上海市碳排放核查工作规则（试行）》等一系列核查管理制度，并对核查人员进行持证管理和持续性的专业技能培训。此外，实行政府出资委托核查，从机制上保证了核查工作和数据的独立性及公正性。三是依法建立复查和审核机制。委托专门机构对核查报告进行复核，通过第四方复查机制进一步保障数据准确有效。

根据《上海市碳排放管理试行办法》，纳入配额管理的单位应当于每年3月31日前，编制本单位上一年度碳排放报告，并报上海市发展改革部门。第三方机构对纳入配额管理单位提交的碳排放报告进行核查，并于每年4月30日前，向上海市发展改革部门提交核查报告。年度碳排放量在1万t以上但尚未纳入配额管理的排放单位，也应当于每年3月31日前，向上海市发展改革部门报送上一年度碳排放报告。

（五）交易体系

上海碳交易市场的建设深度参考了上海市各类金融市场经验，制定了“1+6”的交易规则和细则体系，保障了交易相关制度体系的规范和公开；还建设了交易平台及交易系统，支持服务市场主体便捷高效参与市场交易。

1. 交易产品

上海碳市场中的交易产品分为现货产品与远期产品两类。现货产品为上海碳排放配额（产品代码“SHEA”）及中国核证自愿减排量（产品代码“CCER”）。远期产品为上海碳配额远期（产品代码“SHEAF”）。其中，SHEA 分为 SHEA13、SHEA14、SHEA15 三种产品，分别对应了 2013—2015 年碳配额。在此期间，企业碳排放配额不可预借，但可跨年度储存使用。此外，对应年度的履约只能使用该年度或之前年度的碳配额完成清缴。

2016 年，上海市发展改革委发布了《关于本市碳排放交易试点阶段碳排放配额结转有关事项的通知》，宣布 2013—2015 年纳入碳排放配额管理单位及机构投资者持有的 2013—2015 年度配额在 2016 年 6 月 30 日后停止用于交易和履约，等量结转为下阶段配额。至此，上海碳市场配额交易产品仅有一种即 SHEA。

2. 交易方式

上海碳市场的交易模式采取公开竞价或协议转让的方式开展，单笔买卖申报超过 10 万 t 时，交易双方应当通过协议转让方式达成交易。所有交易必须是入场交易，不设场外交易。交易价格通过市场形成，不实行固定价格或最高、最低限价，每日涨跌幅限制为 30%。交易资金由第三方银行存管，结算由交易所统一组织。风险控制上交易所建立了最大持有量限制、大户报告、风险警示、涨跌幅限制等风险管理制度。交易行情公开透明，通过行情客户端向全市场公开。运行以来，各项市场制度和规则得到了全面实施，交易市场平稳有序运行。

3. 远期交易

除了现货交易外，上海碳市场还引入了碳配额远期交易。上海碳配额远期从 2014 年年底开始提出初步想法，经过半年多的市场调研，于 2015 年 8 月形成初步的框架方案，后经过一年多方案深化研究、规则设计与报备、系统开发与建设、市场培育与推广，于 2016 年 11 月 21 日—12 月 2 日开展为期两周的仿真交易，并于 12 月 19 日启动试运行。

上海环境能源交易所为上海碳配额远期提供交易平台，组织报价和交易；上海清算所为上海碳配额远期交易提供中央对手清算服务，进行合约替代并承担担保履约的责任。上海碳配额远期交易的产品为上海碳配额远期；协议标的为在上海市碳排放配额登记注册系统登记的上海碳排放配额；交易时间为每周一至周五的 10：30 至 15：00；远期协议的规模为 100 t；协议设定为每季度交割一次；交割方式包括实物交割和现金交割；纳入上海碳配额管理的单位以及符合有关规定的企业法人或者其他经济组织，均可以申请参与上海碳配额远期交易。

（六）抵消机制

根据《上海市 2013—2015 年碳排放配额分配和管理方案》，2013—2015 年碳排放配额在 2016 年 6 月 30 日前有效。这一阶段的试点企业可以将国家核证自愿减排量（CCER）用于配额清缴。用于清缴时，每吨国 CCER 相当于 1 t 碳排放配额，使用比例最高不得超过该年度通过分配取得的配额量的 5%。用于清缴的 CCER 项目计入期应在 2013 年 1 月 1 日以后，且不得来自本市控排企业。

2017 年，上海市发展改革委发布《关于本市碳交易企业使用国家核证自愿减排量进行 2017 年度履约清缴有关工作的通知》，降低 CCER 的使用比例至不超过企业年度基础配额的 1%。

（七）市场履约和监管机制

纳入上海市配额管理的单位应当于每年 6 月 1—30 日，依据经上海市发展改革部门审定的上一年度碳排放量，通过登记系统登记，足额提交配额，履行清缴义务。纳入配额管理的单位用于清缴的配额，在登记系统内注销。用于清缴的配额应当为上一年度或者此前年度配额；本单位配额不足以履行清缴义务的，可以通过交易购买配额用于清缴。配额有结余的，可以在后续年度继续使用，也可以用于配额交易。

上海碳交易市场在监管保障层面形成由法律手段、行政办法和技术平台组成的监管和保障体系，建立了以政府部门、交易所、核查机构、执法机构等为主体的多层次监管构架。

根据《上海市碳排放管理试行办法》，上海市发展改革部门应当对下列活动加强监督管理：①纳入配额管理单位的碳排放监测、报告以及配额清缴等活动；②第三方机构开展碳排放核查工作的活动；③交易所开展的碳排放交易、资金结算、配额交割等活动；④与碳排放配额管理以及碳排放交易有关的其他活动。

上海市发展改革部门实施监督管理时，可以采取下列措施：①对纳入配额管理的单位、交易所、第三方机构等进行现场检查；②询问当事人及与被调查事件有关的单位和个人；③查阅、复制当事人及与被调查事件有关的单位和个人的碳排放交易记录、财务会计资料以及其他相关文件和资料。

具体到对违规行为的处罚措施，《上海市碳排放管理试行办法》对履约企业、第三方机构、交易所都规定了具体违规行为的罚款金额，依据违规情节严重程度，罚款金额在 1 万～10 万元不等。其中对于履约企业未按期履行配额清缴义务的，由上海市发展改革部门责令履行配额清缴义务，并可处 5 万元以上 10 万元以下罚款。

（八）市场运行情况

1. 现货市场交易情况

根据交易产品差异，上海碳市场大体可以划分为两个阶段。

第一阶段为2013年11月26日至2016年6月30月，上海市2013—2015年配额（SHEA13、SHEA14、SHEA15）交易情况见表2-4。

表2-4 上海碳市场第一阶段配额交易情况

交易品种	交易方式	开市至2016年年底	
		累计成交量 / 万t	累计成交额 / 万元
SHEA13	挂牌交易	90.9	3 585.3
	协议转让	62.4	2 453.5
	小计	153.3	6 038.8
SHEA14	挂牌交易	229.6	5 650.9
	协议转让	66.9	1 296.3
	小计	296.5	6 947.2
SHEA15	挂牌交易	319.1	2 166.4
	协议转让	852.5	3 459.3
	小计	1 171.6	5 625.7
3年合计		1 621.4	18 611.7

2016年7月1日后，为配合第一阶段配额结转及第二阶段配额上线准备，上海碳市场停止了SHEA13、SHEA14与SHEA15交易。11月18日，上海碳市场启动第二阶段配额交易，交易品种不再区分年份，统一代码为SHEA。第二阶段2016—2018年配额交易情况见表2-5。

表2-5 上海碳市场第二阶段配额交易情况

年份	交易方式	成交量 / 万t	成交额 / 万元
2016（2015履约年度）	挂牌交易	50.40	994.30
	协议转让	25.50	379.90
	小计	75.90	1 374.20
2017（2016履约年度）	挂牌交易	246.18	8 581.06
	协议转让	750.21	14 607.09
	小计	996.39	23 188.15

年份	交易方式	成交量 / 万 t	成交额 / 万元
2018（2017 履约年度）	挂牌交易	236.60	8 840.23
	协议转让	337.63	7 735.01
	小计	574.23	16 575.24
2019（2018 履约年度）	挂牌交易	913.52	22 732.27
	协议转让	1 390.76	18 701.41
	小计	2 304.28	41 433.68
3 年总计（2016—2018 年）		1 646.52	41 137.59

2019 年，随着参与企业及机构的增多，上海碳市场交易活跃度进一步提高。2019 年，上海碳市场实现二级市场总成交量 2 684.94 万 t，总成交额 2.95 亿元。其中配额成交量 696.88 万 t，相对 2017 履约年度增长 21.79%；成交额 2.33 亿元，相对 2017 履约年度增长 40.84%。

2. CCER 交易

截至 2019 年年底，上海碳市场 CCER 成交量为 8 889.24 万 t，成交量及累计成交量均为全国第一。2017—2019 年，上海碳市场大部分 CCER 交易以协议转让方式完成（见表 2-6）。

表 2-6　上海碳市场 CCER 交易情况

年份	交易方式	成交量 / 万 t	成交额 / 万元
2015	挂牌交易	1 657.8	27 877.5
	协议转让	885.3	—
	小计	2 543.1	27 877.5
2016	挂牌交易	345.9	7 243.6
	协议转让	780.4	—
	小计	1 126.3	7 243.6
2017	挂牌交易	9.19	161.69
	协议转让	2 591.40	4 827.39
	小计	2 600.59	4 989.08
2018	挂牌交易	1.00	26.04
	协议转让	1 182.01	3 037.40
	小计	1 183.01	3 063.44

年份	交易方式	成交量 / 万 t	成交额 / 万元
2019	挂牌交易	0.048	1.53
	协议转让	1 512.47	—
	小计	1 512.52	1.53
合计	挂牌交易	1 951.248 2	34 291.32
	协议转让	6 937.994 8	—
	总计	8 889.243	34 291.32

（九）远期市场交易情况

2016 年 12 月 19 日，上海碳配额远期试运行，2017 年 1 月 12 日正式运行。配额远期是以上海碳排放配额为标的、以人民币计价并交易，在约定的未来某一日期清算、结算的远期协议。上海碳配额远期交易平台为上海环境能源交易所，清算平台为上海清算所。配额远期协议要素见表 2-7。

表 2-7 上海碳配额远期协议要素

产品种类	上海碳配额远期
协议名称	上海碳配额远期协议
协议简称	SHEAF
协议规模	100 t
报价单位	元 /t
最低价格波幅	0.01 元 /t
协议数量	为交易单位的整数倍，交易单位为“个”
协议期限	当月起，未来 1 年的 2 月、5 月、8 月、11 月月度协议
交易时间	交易日 10：30—15：00（北京时间）
最后交易日	到期月倒数第 5 个工作日
最终结算日	最后交易日后第 1 个工作日
每日结算价格	根据上海清算所发布的远期价格确定
最终结算价格	最后 5 个交易日每日结算价格的算术平均值
交割方式	实物交割 / 现金交割
交割品种	可用于到期月度协议所在碳配额清缴周期清缴的碳配额

截至 2018 年 12 月，远期交易共上线 12 个协议，已退市 8 个协议，大部分协议均有成交，累计成交 42 108 个（双边），累计成交量 421.08 万 t，累计成交金额 1.51 亿元（图 2-4）。

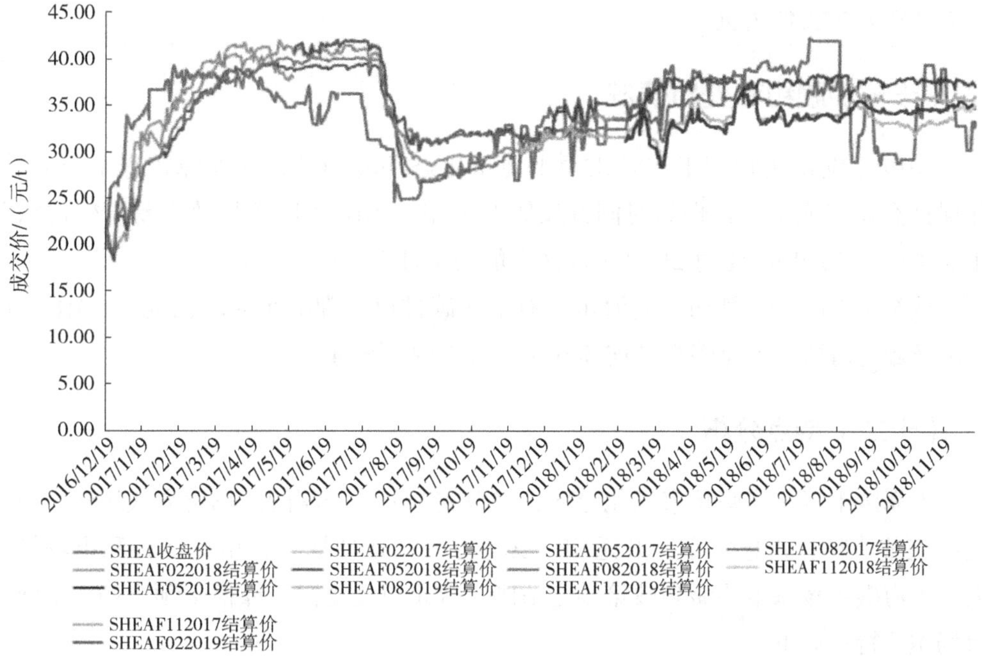

图 2-4 SHEA 收盘价与远期 12 个协议结算价对比分析

（十）配额拍卖情况

上海市于 2017 年、2018 年、2019 年进行了 3 次碳排放配额有偿竞价发放。

2017 年度配额有偿发放总量为 200 万 t，有效申报量为 41 855 t，共 11 家符合竞买人资格的纳管企业参与了竞价，11 家均竞价成功，竞买总量为 41 855 t。竞买底价为 SHEA 在 2016 年 11 月 18 日—2017 年 6 月 29 日所有交易日挂牌交易的市场加权平均价的 1.2 倍，具体为 38.77 元 /t，最高申报价为 45 元 /t，最低申报价为 38.77 元 /t。最终统一成交价为 41.54 元 /t，总成交金额为 162.27 万元。

2018 年度配额有偿发放总量为 200 万 t，有效申报量为 305 237 t，共 7 家符合竞买人资格的纳管企业参与了竞价，7 家均竞价成功，竞买总量为 305 237 t，占发放总量的 15.26%。竞买底价为 SHEA 在 2016 年 11 月 18 日—2018 年 7 月 30 日所有交易日挂牌交易的市场加权平均价的 1.2 倍，具体为 41.54 元 /t，最高申报价为 42 元 /t，最低申报价为 41.54 元 /t。最终统一成交价为 41.54 元 /t，总成交金额为 1 267.95 万元。

2019 年度配额有偿发放总量为 200 万 t，有效申报量为 73 421 t，共 3 家符合竞买人资格的纳入配额管理单位参与了竞价，3 家均竞价成功，竞买总量为 73 421 t。竞买底价为 SHEA 在 2018 年 8 月 1 日—2019 年 11 月 28 日所有交易日挂牌交易的市场加权平均价的 1.2 倍，具体为 48 元 /t。最终统一成交价为 48 元 /t，总成交金额为 352.42 万元。

（十一）履约和处罚情况

2019 年碳市场管理工作转隶至上海市生态环境局后，为保障核查工作质量，并保证企业有充足、合理的时间开展履约工作，2018 年度碳排放交易配额清缴截止期延迟至 2019 年 11 月 29 日（以往一般为 7 月 31 日）。

截至 2019 年 12 月初，上海市所有纳入碳排放管理的企业均已完成 2018 年度的配额履约清缴，上海碳交易连续 6 年实现 100% 履约。

（十二）特点分析

上海碳市场始终坚持市场化走向，采取完全公开透明的市场化方式运作，市场规则完整清晰，信息发布公开透明，交易方式高效便捷。在市场运行和市场管理上，上海碳市场基本能做到政策稳定清晰、尊重市场规律、谨慎干预市场。上海碳市场主要特点如下。

（1）参与主体上，积极推动市场主体多元化，纳入了控排企业及投资机构共同参与市场交易，实现了外部资本的引入，服务碳交易市场的活跃及发展。

（2）价格形成上，不设固定价，严格遵循“价格优先、时间优先”的原则，由系统匹配成交，形成公开的市场价格。

（3）市场环境上，通过政府部门、管理机构、交易平台等不同方面的多种途径及时向社会发布碳排放管理及交易的相关信息，实现了信息公开、市场环境透明，真实反映市场动态。

（4）市场管理上，坚持碳排放控制和市场化导向相结合，通过明确稳定的政策和市场化的管理方式，尽可能避免政府对市场交易和市场价格的直接干预。

（5）产品创新上，循序渐进逐步放开，持续加强碳市场创新和碳金融的发展及实践，探索形成了借碳、回购、质押、信托等创新服务形式。同时，有机结合上海环境能源交易所与上海清算所在碳领域和金融领域的优势，上线了上海碳配额远期产品。

总体而言，上海市已初步形成了服务于碳排放管理的、公开透明的交易市场，但市场调控能力和资源配置能力有待进一步挖掘和提升。

三、广东省碳市场运行现状

（一）市场概况

广东碳排放权交易试点于 2012 年 12 月正式开始运行。目前广东碳市场排放配额总量达 4 亿 t 左右，配额规模排名全国第一。经过 6 年多的不断探索，广东省逐步将占全省碳排放约 65% 的钢铁、石化、电力、水泥、航空、造纸六大行业约 250 家企业纳入碳市场管控范围。广东碳市场在 2018 年度配额交易量达 4 991 万 t，累积交易量达 1.3 亿 t，是国内首个破亿的试点碳市场。2018 年交易金额达到 8.4 亿元，累计交易金额达 23.3 亿元。年度配额交易量和交易额分别占试点碳市场总量的 56% 和 46%，居于全国首位。

（二）相关政策法规介绍

广东碳交易市场的制度文件构成可分为 3 个层面，分别是法规和管理层面、技术层面、操作层面。

在法规和管理层面，《广东省碳排放管理试行办法》作为广东省碳交易试点的顶层设计文件，由广东省人民政府令发布。

在技术层面，碳交易主管部门、交易所和财政主管部门分别发布了《广东省碳排放配额管理实施细则（试行）》《广东省企业碳排放信息报告与核查实施细则（试行）》《碳排放配额交易规则》《广东省低碳发展基金管理办法》等文件，作为碳交易市场各项要素的技术实施总体要求（图 2-5）。

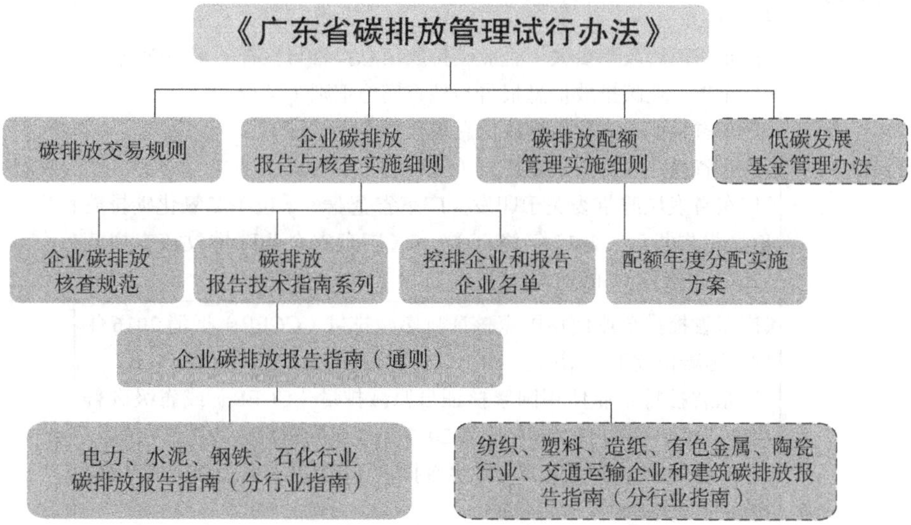

图 2-5 广东省碳交易试点相关政策结构

在操作层面，碳交易主管部门发布了《广东省企业（单位）二氧化碳排放信息报告指南》《广东省企业碳排放核查规范（试行）》《广东省年度碳排放配额分配实施方案》等文件，并根据试点的年度实际情况对指南、核查规范及配额方案等进行更新（表 2-8）。

表 2–8 广东碳交易试点主要政策文件

制度要素	文件名称	文件效力
实施方案	《广东省人民政府关于印发〈广东省碳排放权交易试点工作实施方案〉的通知》	—
管理办法	《广东省碳排放管理试行办法》	政府规章
年度工作部署	《广东省生态环境厅关于做好2018年度企业碳排放信息报告核查和配额清缴履约相关工作的通知》	—
总量配额	《广东省发展改革委关于碳排放配额管理的实施细则》 《广东省碳排放权配额首次分配及工作方案（试行）》 《广东省2014年度碳排放配额分配实施方案》 《广东省2015年度碳排放配额分配实施方案》 《广东省2016年度碳排放配额分配实施方案》 《广东省2017年度碳排放配额分配实施方案》 《广东省2018年度碳排放配额分配实施方案》 《广东省2019年度碳排放配额分配实施方案》 《广东省发展改革委印发广东省民航、造纸行业2016年度碳配额分配方案及白水泥企业2016年度配额分配方法的通知》	政府文件
覆盖范围	年度控排企业名单为年度碳排放配额分配实施方案附件	政府文件
登记注册	《广东省碳排放权配额注册登记系统和广东碳排放权交易系统开户指引》	政府文件
MRV	《广东省发展改革委关于企业碳排放信息报告与核查的实施细则》 《广东省企业碳排放信息报告与核查实施细则（试行）》 《广东省企业二氧化碳排放信息报告指南（试行）》 《广东省企业碳排放核查规范（试行）》 《广东省发展改革委关于印发〈广东省企业（单位）二氧化碳排放信息报告指南（2017年修订）〉和〈广东省企业碳排放核查规范（2017年修订）〉的通知》	政府文件
抵消机制	《广东省控排企业使用国家核证自愿减排量（CCER）抵消2016年度实际碳排放工作指引》 《广东省控排企业使用国家核证自愿减排量（CCER）或省级碳普惠核证减排量（PHCER）抵消2017年度实际碳排放的工作指引》 《广东省控排企业使用国家自愿减排量（CCER）抵消2018年度碳排放的工作指导》 《广东省发展改革委关于碳普惠制核证减排量管理的暂行办法》 《广东省发展改革委关于印发省级碳普惠方法学（第一批）备案清单的通知》 《广东省发展改革委关于印发省级碳普惠方法学（第二批）备案清单的通知》 《广东省发展改革委关于印发省级碳普惠方法学（第三批）备案清单的通知》	政府文件

制度要素	文件名称	文件效力
交易机制	《广州碳排放权交易中心广东省碳普惠制核证减排量交易规则（2019年修订）》 《广州碳排放权交易中心碳排放配额交易规则（2019年修订）》 《广州碳排放权交易中心国家核证自愿减排量交易规则（2019年修订）》 《广州碳排放权交易中心广东省碳排放配额回购交易业务指引（2019年修订）》 《广东省碳排放配额托管业务指引（2019年修订）》 《广州碳排放权交易中心碳排放权交易风险控制管理细则（2017年修订）》 《广州碳排放权交易中心广东省碳普惠制核证减排量交易规则》 《广州碳排放权交易中心远期交易业务指引（2017年修订）》 《广州碳排放权交易中心广东省碳排放配额抵押登记操作规程（2017年修订）》	政府文件及其他
监督管理	《广东省碳排放管理试行办法》 《关于广东省2016年度碳排放配额履约工作的公告》 《关于广东省2017年度碳排放配额履约工作的公告》 《关于广东省2018年度碳排放配额履约工作的公告》 《广东省碳排放信息核查工作管理考评方案（试行）》 《广东省碳排放信息核查工作管理考评暂行办法》	政府文件及其他
资金支持	《广东省低碳发展基金管理办法》	政府文件

（三）市场机制设计

广东碳市场在启动初期覆盖电力、水泥、钢铁、石化4大行业，2016年新增造纸和民航两大行业。截至2019年6月20日，广东省纳入碳排放管理的电力、水泥、钢铁、石化、造纸和民航6个行业，年排放2万t二氧化碳（或年综合能源消费量1万t标准煤）及以上的企业，共249家，占全省碳排放量约65%。

在配额分配方面，广东省在所有碳交易试点省市中率先采取了有偿拍卖+无偿分配相结合的方法，每季度组织一次有偿配额竞价发放。2013年广东省首次配额分配时，既有控排企业和新建企业均被要求通过拍卖获得3%的有偿配额，2014年后只针对新建企业提出上述要求。2019年，电力企业的免费配额比例为95%，钢铁、石化、水泥、造纸和航空企业的免费配额比例为97%。其中既有控排企业在配额注册登记系统直接获得免费配额。新建项目需在竣工验收前购足有偿配额，待新建项目企业正式转为控排企业，并购足有偿配额后，省生态环境厅再通过配额注册登记系统向其发放免费配额。

根据《广东省2019年度碳排放配额分配实施方案》，电力行业燃煤燃气发电机组（含热电联产机组），水泥行业的熟料生产和粉磨，钢铁行业的炼焦、石灰烧制、球团、烧结、炼铁、炼钢工序，普通造纸和纸制品生产企业，全面服务航空企业使用基准线法分配配额，先按2018年度产量计算及发放预配额，再根据经核查核定的2019年实际产量计算及发放最终核定配额，并与发放的预配额进行比较，多退少补。

电力行业使用特殊燃料发电机组（如煤矸石、油页岩、水煤浆、石油焦等燃料）及供热锅炉、水泥行业其他粉磨产品、钢铁行业的自备电厂、特殊造纸和纸制品生产企业、有纸浆制造的企业、其他航空企业使用历史强度下降法分配配额。先按2018年产量计算及发放预配额，再根据经核查核定的2019年实际产量计算及发放最终核定配额，并与发放的预配额进行比较，多退少补。

水泥行业的矿山开采、钢铁行业的钢压延与加工工序、石化行业企业使用历史排放法分配配额。

广东省碳配额分配坚持了“总量控制、适度从紧”的原则。2013—2015年，配额总量分别为3.88亿t、4.08亿t、4.08亿t，呈收紧趋势。2016年，新增造纸和民航行业后，配额分配总量为4.22亿t，其中原四大行业总量为3.86亿t。2013—2016年广东省碳配额总量见图2-6。

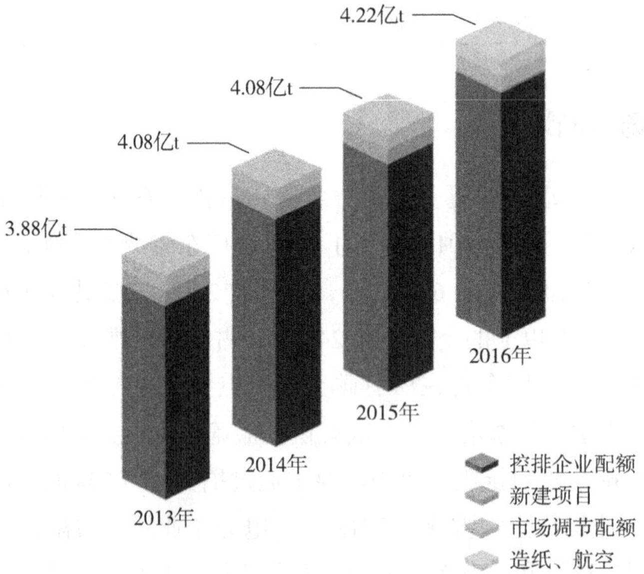

图2-6　2013—2016年广东省碳配额总量柱状图

2019年，广东省持续收紧配额分配、完善钢铁行业及历史法分配方法，提升配额分配的科学性和公平性。

（四）监测报告核证（MRV）体系

广东碳市场采用通则加行业细则的形式制定并发布了碳排放报告与核查指南。通则规定了基本框架和通用内容，行业细则（包括火力发电、钢铁、石化、水泥、造纸、民航 6 个行业细则）则是根据行业差异有针对性地加以编制。广东省的 MRV 机制有 3 大特点：一是分层级报送，通过综合考虑企业类型、行业特点、企业所处时期（历史碳盘查时期、碳排放核查时期）设定不同企业报送层级，企业可以根据自身的情况选择合适的参数和报送层级；二是鼓励先进，企业选择准确性越高的层级，获得的配额就越多，从而激励企业改进计量与检测水平，提高碳排放数据的质量；三是可操作性强，碳排放报表与节能报表有很好的对应性，报表在设计时充分借鉴节能体系经验，使企业易于接受。

根据《广东省发展改革委关于企业碳排放信息报告与核查的实施细则》规定，广东省控排企业 MRV 工作流程如下。

（1）企业初步提交碳排放报告。控排企业和单位、报告企业须于每年 3 月 15 日前通过信息系统提交年度碳排放报告，报告企业同时向地级以上市主管部门正式书面提交。

（2）第三方机构完成核查工作。核查机构应按照省企业碳排放核查规范要求，通过文件审核和现场核查等方式进行核查，并于每年 4 月 30 日前通过信息系统提交核查报告，同时向控排企业和单位出具书面核查报告。广东省发展改革委按照政府采购有关规定委托核查机构对控排企业和单位提交的信息报告进行核查（含复查、抽查），并承担相关费用。

（3）企业提交核查后的碳排放报告。控排企业和单位于每年 5 月 5 日前将经核查的年度碳排放信息报告及核查报告一并正式书面提交地级以上主管部门。地级以上市主管部门汇总后于每年 5 月 10 日前统一提交省主管部门。

广东省发展改革委组织对控排企业和单位年度碳排放信息报告及核查报告进行评议。经评议无疑议的，于每年 5 月 20 日前向控排企业和单位反馈其年度碳排放量；对有疑议的，广东省发展改革委将组织复查并于每年 6 月 5 日前向控排企业和单位反馈。

广东省发展改革委对核查机构实行动态管理，对核查机构核查报告进行评议，同时建立核查机构黑名单制度。

（五）交易体系

1. 交易产品

广东碳交易试点主要包括 3 类现货交易产品：广东碳配额（GDEA），中国核证减排量（CCER），广东碳普惠减排量（PHCER）。其中，PHCER 源于广东省发展改革委印发的《广东省碳普惠制试点工作实施方案》（以下简称《方案》），《方案》选取了广州、东莞、中山、惠州、韶关、河源 6 个城市作为首批试点，在全省组织开展碳普惠试点建设。2017 年 4 月 20 日，广东省发布《关于碳普惠制核证减排量管理的暂行办法》，将 PHCER（碳普惠核证自愿减排量）纳入碳排放权交易市场补充机制。

2. 交易主体

根据相关交易规则和管理办法，广东碳市场的参与主体涵盖了既有控排企业、符合碳市场纳入行业范围的新建（含扩建、改建）项目企业以及其他组织和个人。

3. 交易方式

广东碳市场交易方式包括挂牌点选和协议转让两种方式。挂牌点选是指交易参与人提交卖出或买入挂单申报，确定标的数量和价格，意向受让方或出让方通过查看实时挂单列表，点选意向挂单，提交买入或卖出申报，完成交易的交易方式。交易参与人向交易系统提交挂牌点选交易挂单申报，征集意向受让方或意向出让方。挂单申报需提交交易标的的代码、数量、单价、买卖方向等信息。申报完成后对应的交易标的或资金会被冻结，并进入挂单队列。意向受让方或意向出让方查看实时挂单列表，点选意向挂单，提交申报完成交易。根据“价格优先、时间优先”的原则，意向受让方只可点选价格最低的卖出挂单，意向出让方只可点选价格最高的买入挂单。成交价为挂单申报报价，成交数量为卖出或买入申报数量。未成交的挂单申报可随时撤销，部分成交的挂单申报可随时撤销未成交部分，并重新提交挂单申报。

广东碳市场规定，碳市场交易参与人采用协议转让的，其单笔交易数量应达到 10 万 t 或以上。协议转让交易中，申报价格应不高于前一个交易日收盘价的 130%，不低于前一个交易日收盘价的 70%。交易参与人向交易系统提交协议转让交易挂单申报，挂单申报除需提交交易标的代码、数量、价格和买卖方向等信息外，还应录入意向方信息。经意向方在系统中确认并由交易所审核后成交。协议转让的成交价格不纳入即时行情，成交量在交易结算后计入当日配额成交总量。

4. 涨跌幅限制

根据《广州碳排放权交易中心碳排放配额交易规则》规定，采取挂牌点选交易方式的成交价格须在开盘价 ±10% 内。为了避免人为小额交易影响整体价格走势，交易所还规定：每日开盘前 2 min 的交易以及 100 t 以下交易不纳入当地收盘价考量。

采取协议转让方式的交易中，申报价格应不高于前一个交易日收盘价的 130%，不低于前一个交易日收盘价的 70%。

（六）抵消机制

为降低企业的履约成本，并利用碳排放权交易机制促进生态保护和区域协调发展，广东省允许控排企业使用中国核证自愿减排量或经广东省主管部门审定签发的企事业单位和个人减碳量抵消实际碳排放量。具体使用量由主管机构发布年度碳抵消工作指导规定。其中“经广东省主管部门审定签发的企事业单位和个人减碳量”即为广东省碳普惠制产生的碳减排量（PHCER）。

根据《广东省控排企业使用国家自愿减排量（CCER）抵消2018年度碳排放的工作指导》，企业提交的用于抵消的CCER和PHCER的总量不得超过本企业2018年度实际碳排放量的10%，且提交的CCER中必须有70%以上是本省CCER或PHCER。控排企业在其排放边界范围内产生的CCER或PHCER，不得用于抵消本省企业碳排放。2018年度本省可用于抵消的CCER和PHCER总量原则上控制在150万t以内，首先优先消纳本省CCER和PHCER，然后按照企业书面申请先后顺序允许用于抵消。

可用于抵消的CCER除了符合国家和省相关规定外，还应按照国家有关规定进行统一注册登记，并同时满足以下条件：

（1）在广州碳排放权交易所完成交易的。

（2）主要来自二氧化碳（CO_2）、甲烷（CH4）减排项目，即这两种温室气体减排量应占该项目所有温室气体减排量的50%以上。

（3）非来自水电项目。

（4）非来自使用煤、油和天然气（不含煤层气）等化石能源的发电、供热和余能（含余热、余压、余气）利用项目。

（5）非来自在联合国清洁发展机制执行理事会注册前就已经产生减排量的清洁发展机制项目。

（6）非来自国家批准的其他碳排放权交易试点地区或已启动碳市场地区的项目。

广东省政府或省生态环境厅与其他省市签署的合作协议中有规定允许抵消的CCER类型和数量，按照其规定执行。

（七）市场履约和监管机制

根据《广东省碳排放管理试行办法》规定，控排企业和单位、报告企业、交易所、第三方核查机构和相关政府管理部门工作人员均需接受监督管理。

针对控排企业和单位、报告企业，在碳排放数据报告和接受第三方核查过程中有下列行为之一的，由省主管部门责令限期改正；逾期未改正的，并处罚款：

（1）虚报、瞒报或者拒绝履行碳排放报告义务的，处1万元以上3万元以下罚款。

（2）阻碍核查机构现场核查，拒绝按规定提交相关证据的，处1万元以上3万元以下罚款；情节严重的，处5万元罚款。

对于未能在每年6月20日前足额清缴配额的企业，由省主管部门责令履行清缴义务；拒不履行清缴义务的，在下一年度配额中扣除未足额清缴部分2倍配额，并处5万元罚款。

（八）市场运行情况

广东碳市场的2018年度配额交易量达4 991万t，累计交易量达1.3亿t，是国内首个突破亿吨的试点碳市场；2018年度的交易金额达8.4亿元，累计交易金额达23.2亿元。2018年度二级市场交易量较2017年度上升162%，是试点初期（2013—2014年）二级市场交易量的16倍；配额价格比历史最低上涨219%。

2018履约年度，广东碳市场配额价格呈持续上涨趋势，涨幅高达59.72%，年度计入收盘价交易均价为20.87元/t，较2017履约年度（14.56元/t）上涨43.26%。2019年2月22日，配额收盘价涨至20.94元/t，经过多日震荡调整，配额价格于2019年2月11日起稳定在20元/t以上，并持续至履约期结束。

广东碳市场交易量价齐升的发展态势吸引了省外及境外投资机构的广泛关注。2018年，交易量前5位的投资者（均为机构投资者）中有3位来自省外，境外投资机构通过跨境人民币交易碳排放权104万t，超过2014—2017年成交总和。

2018年度，广东碳市场CCER交易量为1 080.87万t，PHCER交易量为136.45万t。

（九）履约和处罚情况

2013—2014年是广东省碳交易市场首个履约期，有182家企业在配额注册登记系统提交配额完成履约，仅有2家企业（化州市大荣水泥有限公司、乐昌市昌鑫耐磨材料有限公司）没有完成履约，企业履约率达98.9%，配额履约率达到99.97%。

2015年、2016年广东省碳排放配额履约率均达100%。

2017年，广东省发展改革委对未按时履行配额清缴义务的1家企业发出责令改正通知书，该企业在规定的整改期内完成配额清缴。

2018年碳排放管理工作，有2家控排企业未按期完成履约义务，经广东省生态环境厅责令改正后，上述2家控排企业在限期内仍未补足和清缴配额。根据《广东省碳排放管理试行办法》有关规定，生态环境厅对涉事企业进行了处罚。

截至 2019 年 6 月 20 日，广东省纳入 2018 履约年度的 249 家控排企业和单位中，已完成配额清缴工作的有 247 家，有 2 家控排企业未按期完成履约义务；经责令改正，上述 2 家控排企业在限期内仍未补足和清缴配额。广东省生态环境厅根据《广东省碳排放管理试行办法》有关规定，对涉事企业进行了处罚。

（十）特点分析

广东省作为全国首批碳减排试点省份，一直在探索碳排放权交易的创新，其中配额有偿分配、“碳普惠”抵消机制都是广东碳市场率先尝试，此外投资者的多样性也成为广东碳市场的显著特点之一。

在配额有偿分配方面，广东省是全国 7 个碳交易试点省市中首个采用配额免费发放和有偿发放相结合的碳交易试点地区。在碳市场启动之初，所有纳入企业均须先购买 3% 的有偿配额，才能激活 97% 的免费配额。这一方案虽然在短时间内为企业带来了较大压力，但事实证明，碳配额有偿分配机制对推动广东省节能减排工作起了积极作用：一方面为碳市场提供了一个合理的价格信息，便于政府市场调控；另一方面也增强了企业的资源有偿意识，促进企业自觉减排。每年的碳核查结果也显示，有超过 80% 的控排企业已经自觉进行了节能减碳项目的改造，有约 60% 的控排企业实现了碳强度下降。

在“碳普惠”抵消机制层面，广东省政府早在 2015 年就在《广东省碳普惠制试点工作实施方案》中提出“建立基于碳普惠制的核证减排量交易机制”。为了落实这一机制，广东省政府进一步发布了《关于碳普惠制核证减排量管理的暂行办法》，正式将省内“碳普惠”机制产生的减排量纳入碳市场抵消范畴。根据广州碳排放权交易所公开数据，PHCER 交易中林业碳汇成交量相对较大，成交价格比同期 CCER 项目具有绝对价格优势，甚至超过同期广东省碳配额价格。

在投资者多样性层面，广东碳市场对于个人投资者的开放程度在全国居于前列，同时个人和机构投资者的交易活跃程度也较高。以 2018 履约年度为例，广东碳市场交易量排名前十位的交易主体均为机构投资者，交易量占 2018 年履约年度总交易量的 64.43%，其中广东本土机构投资者占六席，交易量占年度总交易量的三成以上。粤外机构交易量较 2017 履约年度有较大增长，排名第二位、第三位的机构投资者均来自北京。2019 年 2 月和 3 月，个人投资者挂牌点选买入量占比高达 65.70% 和 40.39%，买入均价为 19.14 元 /t 和 21.32 元 t，与当月平均收盘价偏差最小，结合收盘价形成机制可知，个人投资者成为此阶段配额价格上涨的有力推动者。

四、深圳市碳市场运行现状

（一）市场概况

深圳是全国碳交易试点省市中唯一的计划单列市，2013 年 6 月 18 日在全国率先启动碳市场。2013—2015 年试点碳市场期间，636 家管控企业超额完成了深圳市“十二五”规划要求的年均碳强度下降目标，实现了碳排放总量和碳强度的双重下降。从碳市场覆盖行业的排放情况来看，以 2010 年为基准年，2013—2015 年全市管控企业的碳排放总量分别下降 403.53 万 t、446.31 万 t、632.32 万 t，下降率分别为 12.6%、13.9%、19.8%，呈逐年增长的趋势。充分证明了通过市场机制能有效的倒逼企业自发地提高节能减排技术，推动节能减排、能源结构调整和产业转型。

（二）相关政策法规

深圳市充分利用特区立法权优势，出台地方性法规和政府规章，为推进碳交易试点奠定了坚实的法律基础。2012 年 10 月市人大常委会通过的《深圳经济特区碳排放管理若干规定》（以下简称《若干规定》）是国内首部确立碳交易制度的法律，被全球立法者联盟评为当年全球气候变化立法九大亮点之一。2014 年 3 月市政府出台的《深圳市碳排放权交易管理暂行办法》篇幅之长和规定之细居各试点碳交易管理办法之首。深圳市先后颁布的碳交相关法规、通知、公告见表 2-9。

表 2-9 深圳碳交易试点主要政策文件

制度要素	文件名称	文件效力
实施方案	《深圳市碳排放权交易试点工作实施方案》	政府文件
管理办法	《深圳市碳排放权交易管理暂行办法》	政府规章
法规文件	《深圳经济特区碳排放管理若干规定》	人大立法
年度工作部署	《深圳市发展和改革委员会关于开展 2016 年度碳排放权交易工作的通知》 《深圳市发展和改革委员会关于按时提交 2017 年度碳排放核查报告的公告》 《深圳市发展和改革委员会关于按时足额提交配额完成 2017 年度碳排放履约义务有关事宜的公告》 《深圳市生态环境局关于按时提交 2018 年度碳排放核查报告的公告》 《深圳市生态环境局关于按时足额提交配额完成 2018 年度碳排放履约义务有关事宜的公告》	政府文件

制度要素	文件名称	文件效力
覆盖范围	《深圳市发展和改革委员会关于开展2016年度碳排放权交易工作的通知》附件1	政府文件
MRV	《深圳市第三方核查机构服务管理办法（试行）》 《深圳市标准化指导性技术文件—组织的温室气体排放量化和报告规范及指南》 《深圳市标准化指导性技术文件—组织的温室气体排放核查规范及指南》 《深圳市市场监督管理局关于2014年深圳市第一批碳排放核查机构备案名录的公告》 《深圳市发展和改革委员会关于2016年度碳排放报告及核查报告抽样检查和重点检查结果的通报》 《深圳市市场监督管理局关于深圳市2017年碳排放核查员及核查机构备案名录的公告》	政府文件
抵消机制	《深圳市碳排放权交易市场抵消信用管理规定（暂行）》	政府文件
交易机制	《深圳排放权交易所核证自愿减排量（CCER）项目挂牌上市细则（暂行）》 《深圳排放权交易所会员管理规则（暂行）》 《深圳排放权交易所现货交易规则（暂行）》 《深圳排放权交易所风险控制管理细则（暂行）》 《深圳排放权交易所结算细则（暂行）》	政府文件及其他
监督管理	《关于深圳市碳排放权交易相关事宜的通知》 《深圳市发展改革委关于公布未按时足额提交配额履约的碳交易管控单位名单的公告》 《关于对未按时足额提交配额履约的碳交易管控单位进行处罚有关事宜的公告》 《深圳市碳排放权交易试点未按时完成2014年度履约义务的管控单位名单》 《深圳市发展改革委关于公布未按时足额履行2015年度碳排放履约义务的碳交易管控单位名单的公告》 《深圳市发展和改革委员会关于公布未按时足额履行2016年度碳排放履约义务的碳交易管控单位名单及责令补交配额的公告》 《深圳市发展和改革委员会关于公布未按时足额履行2017年度碳排放履约义务的碳交易管控单位名单及责令补交配额的公告》 《深圳市生态环境局关于公布未按时足额履行2018年度碳排放履约义务的碳交易管控单位名单及责令补交配额的公告》	政府文件及其他

（三）市场机制设计

1. 市场覆盖范围和配额分配方式

深圳碳排放交易体系的管制对象包括：①年碳排放总量超过 3 000 t 二氧化碳当量的企业；②建筑面积超过 1 万 m^2 以上的大型共用建筑物或国家机关建筑业主；③其他自愿加入并经主管部门批准纳入碳排放配额管理的企业或建筑物。主管部门可根据本市碳排放总量控制目标和控排单位的排放量变动等情况，调整控排单位的范围，尽量将更多的企业纳入碳交易体系中。2013—2014 年共计 635 家工业企业和 197 栋大型公共建筑纳入了交易体系。其中工业企业 2009—2011 年平均碳排放量 3 177 万 t，197 栋大型公共建筑年均碳排放量为 155 万 t，纳入的工业和建筑碳排放合计约占全市碳排放总量的 40%。2016 年，管控单位总数为 824 家。

深圳碳排放权交易体系 2013—2015 年的排放总量约为 1.32 亿 t（约每年 4 000 万 t 配额和 3 年 1 200 万 t 的碳抵消信用），其中配额总量为 1.2 亿 t。深圳市配额分配方式采取无偿分配和有偿分配两种方式。无偿分配的配额包括预分配配额、新进入者储备配额和调整分配的配额。有偿分配采用拍卖或者固定价格出售的方式。

2. 预分配配额的方法

考虑配额分配的合理性和公平性，以及管控单位的行业和碳排放特点，深圳市采用基准线法对预分配配额进行分配。

针对单一产品部门，包括电力、热力生产与供应业，水的生产与供应业和燃气的生产与供应业，其预分配配额按照企业所处行业基准碳排放强度和期望产量等因素确定，即预分配配额 = 该企业所处行业基准碳强度目标 × 期望产量。

针对非单一产品工业部门，即占深圳工业企业大多数的制造业企业，如通信设备制造业、机械设备制造业、塑料制品业等，由于制造业产品种类繁多，因此采用工业增加值作为统一的衡量标准，预分配配额 = 该企业碳强度目标 × 期望工业增加值。

3. 制造业企业的竞争性博弈

将制造业纳入使得深圳碳交易体系具有以下显著特征：第一，间接排放（外购电力）是深圳制造业碳排放的主要构成部分。第二，纳入行业和企业众多，信息不完全；深圳碳交易体系覆盖了 26 个工业行业、515 家工业企业，具有复杂的上下游分工体系和千差万别的产品、生产技术、工艺流程、主要耗能装置，碳排放活动差异巨大，能源统计制度不健全，碳信息缺失。第三，对于深圳制造业碳配额分配而言，政府和企业均不具备完全理性及全面知识，政府不清楚行业碳强度分布形式，也不了解企业的内部信息。

鉴于以上原因，深圳制造业配额分配机制的设计核心是充分允许、鼓励并引导企业参与配额分配的讨论，在此过程中展示不确定条件下企业可能采取主动策略对市场均衡的影响，即在政府与企业、企业与企业之间的反复博弈中，通过有效的信息传递、共享与交换，求解均衡的碳排放权交易体系配额分配方案。

因此，为了确定单个制造业企业的碳强度目标，深圳市提出了基于有限理性重复博弈理论的碳配额分配机制。该方法将子行业类型、产品类型、规模类型近似的企业分成组别，政府对不同组别的企业先行根据对子行业的碳强度目标设定配额数量上限，再要求同一组别的企业通过博弈软件同时上报2013—2015年的碳排放量以及工业增加值目标，由博弈软件根据企业上报的数据按照规则进行初始分配，企业对分配的结果可以不接受。如果不接受，则按相同程序进行多轮上报与再分配，直至企业不再改变上报的碳排放量和工业增加值为止。在每次上报和分配时博弈软件将公开同一组别的分配信息供企业参考，使得同一组别的分配情况可以有效传递到每个企业。企业最终接受的碳排放量和工业增加值再计算得出的碳强度即为该企业的目标碳强度。

至此，635家企业2013—2015年3年累计预分配配额为1.01亿t。与2010年碳排放量相比，2015年碳配额总量增长了7.8%，但碳强度下降了36.8%，年均碳强度下降率为8.8%。其中，制造业企业碳强度下降37.81%，水电气等单一产品行业碳强度下降5.43%。管控单位平均碳强度下降率超过30%，下降幅度超过了“十二五”期间深圳市碳强度21%的下降目标。

4. 配额调整分配方式

为了减轻经济波动导致的配额分配出现过多或过少的影响，深圳市采用了可规则的配额后期调整策略。具体操作方式为主管部门根据管控单位上一年度的实际产量（单一产品部门）或者工业增加值（制造业企业），确定管控单位上一年度的实际配额数量，然后，对照管控单位上一年度预分配的配额数量，相应进行追加或者扣减。为了保证配额总量不因为配额调整而超出，深圳规定配额调整时追加配额的总数量不得超过当年度扣减的配额总数量。

5. 政府的配额调控方式

为适应增长中的经济体对排放增长的需求，同时有效控制排放量增长，防止价格剧烈波动，深圳碳排放权交易体系还采取以下一系列独特的配额调控措施：

（1）为新进入企业预留相当于年度配额总量2%的免费配额。

（2）初次分配和调整分配均为免费分配，且两者之和超过配额总量的90%。

（3）预留相当于年度配额总量3%的配额用于拍卖。

（4）根据控排企业实际生产和碳强度数据为控排企业进行配额调整，可免费增发最高相当于年度配额总量10%的配额。

（5）未实现碳强度目标的控排企业获得的免费配额将由政府按照实际生产情况进行扣减。

（6）预留相当于年度配额总量 2% 的配额用于价格暴涨时定价出售，以增加供应稳定碳价。

（7）政府可在价格暴跌时从碳市场回购最高相当于碳市场有效流通配额数量 10% 的配额，以减少供应稳定碳价。

（四）监测报告核证（MRV）体系

在 MRV 规范和指南的制定方面，深圳市以 ISO 14064-1：2006《组织层次上对温室气体排放和清除的量化与报告的规范及指南》和《温室气体议定书：企业核算与报告准则》为基础，结合深圳市实际情况，编制并以地方标准形式出台了《深圳市组织温室气体量化与报告指南》（以下简称《报告指南》）和《深圳市组织温室气体核查指南》（以下简称《核查指南》），规范了组织层面温室气体量化、报告和核查的原则与要求。针对建筑物，深圳出台了《建筑物温室气体排放的量化、报告和核查规范指南》（以下简称《建筑物指南》），对建筑物运行过程中温室气体排放的量化、报告和核查进行了规定。鉴于深圳管控单位涉及行业广、种类丰富，中小型制造企业数量多、企业生产波动性大，深圳市没有要求企业编制年度排放监测计划。

在核算方法方面，深圳市采用计算法核算企业碳排放量。计算法包括排放因子法、物料平衡法、模型法、设备特定的关联法 4 类。目前主要采用排放因子法和物料平衡法计算碳排放。

报送内容方面，管控单位除提交年度碳排放报告外，工业企业还需要提交生产量或者工业增加值报告。报送频率方面，碳排放报告采用"季报＋年报"的形式，生产量或者工业增加值采用年度报送的形式。报送方式方面，深圳市建立了温室气体排放信息管理系统，实现电子报送和纸质报送的同步提交。报送层次方面，鉴于深圳市中小企业居多、间接排放大、设备设施层级监测准确度低的特点，深圳市规定统一以企业层级进行报送。

为确保相关数据的准确性，深圳市建立了温室气体数据核查制度，即由第三方的核查机构对企业报送的相关数据进行核查，确保数据的准确性和科学性，并根据碳排放报告和统计指标报告的特点，对核查单位、提交核查报告日期、提交单位分别进行了规定。

（五）履约机制

管控单位依据温室气体排放量化、报告标准编制年度碳排放报告，并于每年

3 月 31 日前通过本市温室气体排放信息管理系统提交给市主管部门，同时应向市统计局提交生产量或者工业增加值。管控单位在提交年度碳排放报告后，应当委托碳核查机构对碳排放报告进行核查，并于每年 4 月 30 日前向市主管部门提交经核查的碳排放报告。管控单位应当于每年 5 月 10 日前将经市统计局核定后的统计指标数据提交给市主管部门。

深圳市市场监督管理局和住房建设局为第三方核查机构及人员的认证管理机构。市场监督管理局负责制定工业行业温室气体排放量化、报告、核查标准，组织对纳入配额管理的工业行业碳排放单位的碳排放量进行核查，并对工业行业碳核查机构和核查人员进行监督管理。住房建设局负责对建筑物碳核查机构和人员的监督管理。深圳市生态环境局对第三方核查机构的核查结果进行监督，发现有违法违规行为的有权依据法律规定进行处罚，并通知认证管理机构从备案名单中予以除名。深圳市生态环境局同时管理温室气体排放信息管理系统，对管控单位的排放报告和核查报告进行检查。

（六）交易体系

1. 交易产品

根据《深圳排放权交易所现货交易规则》，挂牌交易的品种包括：深圳碳配额（SZA）、中国核证自愿减排量（CCER）、经主管部门批准的其他交易品种。

其中 SZA 按分配年份分为不同的交易产品，不同产品以 SZA+ 分配年份区分。例如 SZA-2013 代表 2013 年分配的碳排放配额。

2. 交易主体

根据《深圳排放权交易所现货交易规则》及《深圳排放权交易所会员管理规则》，交易参与人包括交易会员以及通过经纪会员开户的投资机构或自然人，其中交易会员分为托管会员、经纪会员、机构会员、自然人会员和公益会员。

托管会员可以接受管控单位委托代为持有管控单位碳排放配额，并以自身名义对托管的配额进行管理和交易的会员类型；机构会员和自然人会员可以从事各类排放权产品自营业务。深圳市履约企业属于机构会员；公益会员可以买入但不能卖出各类排放权产品，其买入后为了履行社会责任而进行排放抵消；通过经纪会员开户的投资机构或自然人必须以实名方式委托经纪会员代其开立交易账户。

3. 交易方式

深圳碳交易所市场采用的交易方式包括电子竞价、定价点选和大宗交易等。同一交易标的，在同一时间只能以一种方式进行交易。电子竞价指委托人可将其持有的碳排放权通过交易所的交易系统公开挂牌出让，也可在其资金额度内通过交易系统公开挂牌受让。交易对手方通过电子平台进行竞价，择优成交；定价点选是指交易参与人按其限定的价格进行委托申报，其他交易参与人对该委托进行点选成交的交易方式；大宗交易是指单笔交易数量达到1万t二氧化碳当量以上的交易。大宗交易方式的申报包括意向申报和成交申报。意向申报中的意向价格和意向数量只能作为意向参考，实际交易价格和交易数量以成交申报为准。出让方和受让方就交易达成一致后，出让方和受让方分别进行成交申报。交易所收到申报后，完成交易双方的交割清算。

交易实行T+1交收模式。市场参与人不得在买入后5个交易日内挂牌卖出同一交易品种或在卖出后5个交易日内挂牌买入同一交易品种。交易参与人采用大宗交易的，其单笔交易数量必须达到1万t二氧化碳当量以上。

4. 跌涨幅限制

各交易品种实行价格涨跌幅限制，定价点选方式的涨跌幅限制比例为10%，大宗交易方式的涨跌幅限制比例为30%。属于下列情形之一的，不实行价格涨跌幅限制：①品种上市交易首日；②采用电子竞价方式进行的交易；③主管部门或本所认定的其他情形。

（七）抵消机制

根据《深圳市碳排放权交易市场抵消信用管理规定（暂行）》，深圳碳交易市场可以使用相当于企业配额总量10%的CCER用于抵消。但所有CCER项目都必须属于可再生能源、清洁交通、海洋固碳、林业碳汇、农业减排项目之一，且根据项目类型，还需满足项目来源地要求。如下。

（1）风力发电、太阳能发电、垃圾焚烧发电项目来源应为：

1）梅州、河源、湛江、汕尾等广东省内地区。

2）新疆、西藏、青海、宁夏、内蒙古、甘肃、陕西、安徽、江西、湖南、四川、贵州、广西、云南、福建、海南等省份。

3）和深圳市签署碳交易区域战略合作协议的其他省份或者地区。

（2）农村户用沼气、生物质发电、清洁交通减排、海洋固碳减排项目：来源应为深圳本市以及和深圳市签署碳交易区域战略合作协议的其他省份或者地区。

（3）林业碳汇、农业减排项目：无地域限制。

（八）市场履约和监管机制

为保障碳市场的顺利运行及按时履约，深圳市人大常委会于2012年10月30日通过《深圳经济特区碳排放管理若干规定》（以下简称《若干规定》），设定的

“配额市场平均价格三倍罚款”处罚条款是国内最为严格的处罚措施。具体违法行为及其法律责任见表2-10。

表2-10 深圳碳交易体系违法行为及责任

监管对象	违规违法行为	处罚措施
管控单位	未按时足额递交配额	强制扣除配额并处3倍罚款
虚构、捏造相关数据	限期改正并罚款	
与核查机构串通虚构、捏造相关数据	限期改正并罚款	
第三方核查机构	与管控单位串通虚构、捏造相关数据	限期改正并罚款
出具虚假报告或报告严重失实	限期改正、罚款并赔偿损失	
违反公平竞争原则	限期改正，并处罚款5万～10万元	
泄露相关数据或机密	限期改正，并处罚款5万～10万元并赔偿损失	
交易主体	违法交易	限期改正，并处罚款5万～10万元并追责
交易所	未履行相关职责	限期改正，并处罚款5万～10万元
政府工作人员	玩忽职守、滥用职权、徇私舞弊	行政处分、赔偿损失、法律追责

（九）市场运行情况

1. 交易、配额拍卖

为了帮助部分管控单位降低履约成本、顺利完成履约，深圳市排放权交易所根据主管部门的决定和安排，于2014年6月6日组织了深圳碳市场第一次配额拍卖活动。拍卖的参与人为2013年度实际碳排放量超过2013年度实际确认配额的管控单位，其他管控单位和投资者不能参加。参加拍卖的投标人的最大申报数量不得超过其2013年度实际碳排放量与2013年度实际确认配额之间差值的15%。否则视为无效投标。拍卖的中标配额将直接转入中标人的履约账户，由主管部门直接冻结，以专门用于配额履约。中标人不得将中标配额用于市场交易。拍卖标的为2013年度深圳碳排放配额（SZA-2013）。总拍卖数量为20万t，拍卖底价为35.43元/t（以截至5月27日的市场平均价格的一半为准）。94家管控单位参与了此次拍卖，拍卖数量为20万t，成功出售配额7.497 4万t，占拍卖数量的37.49%。拍卖底价为35.43元/t，最高投标价为80元/t，总成交额约265万元。

2. 配额和 CCER 交易

在首个履约年度内（自启动至 2014 年 6 月 30 日），深圳碳市场实现交易量 157 万 t，交易额约 1.09 亿元，交易均价为 69.11 元 /t。其中线上现货交易量 139 万 t，交易额 9 977 万元，交易均价为 71.82 元 /t；大宗交易量 11 万 t，交易额 6 295 万元，交易均价为 59.88 元 /t；一级市场拍卖量 74 974 t，交易额 265 万元，拍卖均价为 35.43 元 /t。

2018 年 6 月 7 日，深圳碳交易二级市场交易额突破 10 亿元。

（十）履约和处罚情况

深圳碳排放管控单位的年度碳排放履约率一直较高。2014 年首次履约期间即达 99.37%。2015 年达到 99.69%。2016 年违约单位数量只有 1 家，完成率为 99.84%。

2019 年 7 月 2 日，深圳市生态环境局公布了 8 家未按时足额履行 2018 年度碳排放履约义务的碳交易管控单位名单及责令补缴配额量。并规定违约单位应于 2019 年 9 月 10 日前通过注册登记簿系统补缴与其 2018 年度超额排放量相等的配额。若逾期未补缴足额配额，将根据《深圳市碳排放权交易管理暂行办法》第七十五条的规定，于 2019 年 9 月 10 日前从违约单位的注册登记簿账户强制扣除与其超额排放量相等的配额，不足部分从其 2019 年度配额中直接扣除，并依法对违约单位处以超额排放量乘以 2019 年 1 月至 6 月深圳碳市场配额平均价格 3 倍的罚款。

（十一）特点分析

深圳碳市场在立法完备程度、市场开放程度方面在国内居于前列。同时，深圳市作为一个传统产业相对较少的新兴城市，其碳市场的相关制度也作出了大胆创新。总体而言，深圳市碳市场特点如下。

（1）高度重视碳市场的制度建设和法制保障。深圳市利用特区立法权优势，由市人大率先颁布了《深圳经济特区碳排放管理若干规定》，随后市政府、发展改革委等主管部门跟进颁布了一系列地方法规，解决了碳排放总量控制、减排义务设置、配额交易法定化等问题，确立了碳排放权交易的合法性。作为国内第一个开市的碳交易试点，深圳市的制度建设为其他碳交易市场提供了很好的借鉴。

（2）碳市场开放程度高。深圳碳市场不仅对境内个人和机构投资者开放，同时对境外投资者开放，增加了投资主体的多样性。2016 年 3 月 19 日，深圳能源集团妈湾电力有限公司与英国 BP 公司在深圳排放权交易所的牵线下，签订了一份以 400 万 t 碳排放配额为交易标的的碳资产回购协议。这是国内首单跨境碳资产回购交易业务。

（3）碳配额流转率高。深圳市是国内碳排放配额流转率最高的交易场所，成熟的市场机制和丰富的商业机会，使得深圳碳市场托管会员的数量全国最多。数据显示，深圳碳市场2013—2016年配额流转率分别为5.23%、8.53%、11.99%和16.10%，连续4年在全国碳市场中拔得头筹。

（4）碳金融创新较为积极。深圳排放权交易所先后在全国率先推出配额质押、回购、托管、碳资产收益挂钩等碳金融产品，提升了全社会将与能源消耗密切相关的碳资产视作新型资产的认识，引导了更多社会资本投入绿色金融领域，对促进全市乃至全国绿色低碳发展发挥了重要的引领和服务作用。

五、湖北省碳市场运行现状

（一）市场概况

2013年2月，湖北省政府发布《湖北省碳排放权交易试点工作实施方案》（以下简称《实施方案》）。湖北省2014首次启动碳交易市场，目前已经运行5个履约周期，且取得了连续4年履约率100%的好成绩，利用市场机制促进节能减碳效果明显。2014—2016年，湖北省控排企业碳排放量同比分别下降3.14%、6.05%、2.59%；碳市场运行平稳，各项指标位居前列。截至2018年12月31日，配额总成交3.23亿t，成交总额74.7亿元。其中，配额二级市场累计成交量达3.21亿t，占全国总成交量的60.56%；成交额74.3亿元，占全国总成交额的66.65%。

（二）相关政策法规

2013年2月，湖北省政府发布《湖北省碳排放权交易试点工作实施方案》（以下简称《实施方案》），提出了湖北碳市场建设的目标、任务、阶段、步骤。历经一年多的设计和筹备，湖北碳交易试点确立了包括市场关键要素、市场运行机制、基础设施平台和市场监管体系4大方面的制度架构，《湖北省碳排放权管理和交易暂行办法》作为顶层设计文件，对整体制度作了纲领性的规定，配套的MRV指南、交易规则等实施层面的规则也同步完善见表2-11。

表 2-11 湖北省碳交易试点主要政策文件

制度要素	文件名称	文件效力
实施方案	《湖北省人民政府办公厅关于印发〈湖北省碳排放权交易试点工作实施方案〉的通知》	政府文件
管理办法	《湖北省碳排放权管理和交易暂行办法》	政府规章
年度工作安排	《湖北省发展改革委关于做好 2014 年度企业碳排放履约工作的通知》 《湖北省发展改革委关于做好 2015 年度企业碳排放履约工作的通知》 《湖北省发展改革委关于做好 2017 年度企业碳排放履约工作的通知》	政府文件
总量配额及覆盖范围	《2014 年湖北省碳排放权交易试点配额分配方案》 《省发展改革委关于印发〈湖北省 2015 年碳排放权配额分配方案〉的通知》 《省发展改革委关于印发〈湖北省 2016 年碳排放权配额分配方案〉的通知》 《省发展改革委关于印发〈湖北省 2017 年碳排放权配额分配方案〉的通知》 《省生态环境厅关于印发〈湖北省 2018 年碳排放权配额分配方案〉的通知》 《湖北省碳排放配额投放和回购管理办法（试行）》 《湖北省生态环境厅关于 2018 年度湖北碳市场政府预留配额拍卖的公告》	政府文件
登记注册	《湖北省碳排放权交易注册登记管理暂行办法（试行）》	政府文件
MRV	《湖北省碳排放监测和报告指南》 《湖北省碳排放核查指南》 《湖北省工业企业温室气体排放监测、量化和报告指南（试行）》	政府文件
抵消机制	《省发展改革委关于 2015 年湖北省碳排放权抵消机制有关事项的通知》 《省发展改革委关于 2017 年湖北省碳排放权抵消机制有关事项的通知》 《省发展改革委办公室关于 2018 年湖北省碳排放权抵消机制有关事项的通知》	政府文件
交易机制	《湖北碳排放权交易中心碳排放权交易规则（2016 年第一次修订）》 《湖北碳排放权交易中心碳排放权现货远期交易履约细则》 《湖北碳排放权交易中心碳排放权现货远期交易结算细则》 《湖北碳排放权交易中心碳排放权现货远期交易规则》 《湖北碳排放权交易中心配额托管业务实施细则（试行）》	政府文件及其他
监督管理	《湖北省碳排放权管理和交易暂行办法》	政府文件

（三）市场机制设计

1. 市场覆盖范围

目前，湖北省碳市场覆盖了电力、热力及热电联产、水泥、造纸、玻璃及其他建材、陶瓷制造、化工、汽车制造、钢铁、石化、设备制造、食品饮料、有色金属和其他金属制品、医药、纺织业、水生产与供应16个工业行业。根据主管部门定期发布的碳排放权配额分配方案，2014—2016年纳入碳市场的条件为年度二氧化碳排放量大于6万t，行业范围从12个增加到14个，3年纳入企业236家。2017年以后，该门槛下降为年度二氧化碳排放量大于1万t，行业范围达到16个，覆盖企业突破300家。根据省生态环境厅2019年发布配额纳入企业名单，2018履约年度湖北省共纳入履约企业338家。

2. 配额分配

湖北省采用了总量刚性与结构柔性相结合的方式。碳排放配额总量包括企业年度碳排放初始配额、企业新增预留配额和政府预留配额。企业年度碳排放初始配额为年度碳排放配额总量的97%，政府预留配额一般不超过阶段碳排放配额总量的10%，剩下的为企业新增预留配额。对于年度碳排放初始配额和企业新增预留配额实行无偿分配，而政府预留配额主要用于市场调控和价格发现，对于价格发现部分，实行公开竞价的方式。

根据《湖北省2018年碳排放权配额分配方案》，配额实施免费分配，采用标杆法、历史强度法和历史法相结合的方法。其中，水泥、电力行业采用标杆法；热力和热电联产、造纸、玻璃及其他建材行业采用历史强度法；其他行业采用历史法。

3. 管理机制

湖北省对电力企业的配额实行特殊的灵活管理。电力企业的配额采取预分配和事后调节方式，预分配配额为经调整的历史排放基数的50%；事后调节配额则分为增发配额和收缴配额，即企业年度实际发电量超出或低于基准年平均发电量50%的，向企业增发或收缴配额。湖北省对剩余配额实行清缴机制，即未经交易的剩余配额以及预留的剩余配额将在履约之时被注销。

（四）监测报告核证（MRV）体系

根据《湖北省碳排放权管理和交易暂行办法》相关规定，纳入碳排放配额管理的企业应当制定下一年度碳排放监测计划，明确监测方式、频次、责任人等，并在每年9月最后一个工作日前提交主管部门。企业应当严格依据监测计划实施监测。监测计划发生变更的，应当及时向主管部门报告。每年2月最后一个工作日前，纳入碳排放配额管理的企业应当向主管部门提交上一年度的碳排放报告，并对报告的真实性和完整性负责。

主管部门委托第三方核查机构对纳入碳排放配额管理的企业的碳排放量进行核查。第三方核查机构应当独立、客观、公正地对企业的碳排放年度报告进行核查，在每年4月最后一个工作日前向主管部门提交核查报告，并对报告的真实性和完整性负责。

第三方核查机构应当具备以下条件：①具有独立法人资格和固定经营场所；②具有至少8名核查专业技术人员；③具有近3年从事温室气体排放核查相关业务的工作经历。

主管部门对第三方核查机构提交的核查报告采取抽查等方式进行审查，并将审查结果告知被抽查企业。

（五）交易体系

1. 交易产品

湖北省碳排放权交易市场的交易的标的物为：

（1）湖北省温室气体排放分配配额（简称HBEA）。

（2）经国家自愿减排交易登记簿登记备案的中国核证自愿减排量（CCER）。

（3）经主管部门认定的其他交易品种。

值得关注的是，除了上述一般性规定外，在《省发展改革委关于做好2014年度企业碳排放履约工作的通知》中，湖北碳市场还特别规定：省发展改革委将对履约结束后企业剩余未经交易的配额予以收缴。该规定在后续的年度通知中依然延续。因此，企业为了避免配额收缴损失而必须在履约前进行交易，这一规定大大提升了湖北省碳市场的交易量。

2. 交易参与人

湖北碳市场参与人首先应成为湖北碳排放权交易中心会员，国内外机构、企业、组织和个人（第三方核查机构与结算银行除外），均可参与标的物的交易。

3. 交易方式

湖北碳市场采用“协商议价转让”和“定价转让”的混合交易方式。市场参与人申请买入或卖出标的物，其买入或卖出标的物的金额或数量不得超过其交易账户中持有的金额或数量。个人市场参与人持碳量不得超过100万t。

协商议价转让是指在规定的交易时段内，卖方将标的物通过交易系统申报卖出，买方通过交易系统申报买入，湖北碳排放权交易中心将交易申报排序后进行揭示，交易系统对买卖申报采取单向逐笔配对的协商议价交易方式。交易中心对协商议价标的物实行日议价区间限制，议价幅度比例为10%。超过议价区间的报价为无效报价。

定价转让分为公开转让和协议转让，由卖方提出申请，经交易中心同意后挂牌。公开转让是指卖方将标的物以某一固定价格在交易系统发布转让信息，在挂牌期限内，接受意向买方买入申报，挂牌期截止后，根据卖方确定的价格优先或者数量优先原则达成交易。单笔挂牌数量不得小于 1 万 t 二氧化碳当量；协议转让是指卖方指定一个或多个买方为交易对手方，买卖双方场外协商确定交易品种、价格及数量，签订转让协议，并在交易系统内实施标的物交割的交易方式。交易中心对公开转让和协议转让实行价格申报区间制度，申报幅度比例为 30%。超过申报区间的报价为无效报价。

（六）抵消机制

湖北省试点对用于履约 CCER 的抵消要求在所有试点中最为严格。具体如下：

（1）在湖北省行政区域内，纳入碳排放配额管理企业组织边界范围外产生。

（2）已在国家备案的农村沼气、林业类项目产生的减排量。其中，项目产生地区为长江中游城市群（湖北）区域的贫困县（包括国定和省定）；项目计入期为 2013 年 1 月 1 日—2015 年 12 月 31 日。

（3）抵消比例不超过纳入碳排放配额管理企业年度碳排放初始配额的 10%。

（4）在湖北省碳排放交易注册登记系统进行登记。

（七）市场履约和监管机制

湖北省政策规定，控排企业要于每年 5 月最后一个工作日向主管部门缴还与上一年度实际排放量相等数量的配额和中国核证自愿减排量（CCER）。未在规定时间内提交足额配额或者核证自愿减排量未履约的，由主管部门按照当年度碳排放配额市场均价，对差额部分处以 1 倍以上 3 倍以下，但最高不超过 15 万元的罚款，并在下一年度配额分配中予以双倍扣除。

企业未按规定时间上报碳排放量的，主管部门除了予以警告、限期履行报告义务外，还可以处 1 万元以上 3 万元以下的罚款。企业逾期未接受碳排放核查的，对其下一年度的配额按上一年度的配额减半核定。

（八）市场运行

1. 交易情况

2014 年 4 月 2 日湖北排放权交易正式开市，首日共有 22 家企业实现 19 笔交易，成交量约 51 万 t，成交额约 1 071 万元，创造了当时中国碳交易二级市场最高的单日成交量和成交额。开市 3 个月，湖北省碳交易总交易额已经过亿。截至 2014 年 7 月 14 日，湖北省二级碳市场配额总交易额达 1.06 亿元，总成交量 447.1 万 t。

2016 年 7 月 11 日湖北碳市场 2015 年度履约通知发布后，现货交易即出现大量卖盘，7 月 13—15 日连续 3 个交易日达到跌幅限制。为此，湖北碳排放权交易中心连发两条通知，并于 2016 年 7 月 15 日，将交易产品湖北配额（HBEA）的日议价区间限制幅度调整为：涨幅上限 10%，跌幅下限 1%。2016 年 12 月 26 日，碳市场运行回归平稳，经中心研究决定，HBEA 的日议价区间限制幅度重新调整为：涨幅上限 10%，跌幅下限 10%。

截至 2019 年 6 月 30 日，湖北省碳配额二级市场成交总量 3.22 亿 t，交易额达 74.37 亿元，分别占全国总成交量的 55.31% 和总交易额的 62.18%（表 2-12）。

表 2-12 湖北省碳配额交易情况

年份	2019 年	2018 年	2017 年
最高 / 元	56.99	33.77	17.99
最低 / 元	22.87	13.24	11.50
成交量 /t	6 138 863	9 050 697	12 729 939
成交额 / 元	181 079 485	208 710 709	186 459 299

2. 履约和处罚情况

湖北省对违约的处罚措施更多地使用碳市场本身产生的利益驱动，即配额是企业的资产，要充分使用配额来对企业进行约束，其中“配额双倍扣除”“配额发放减半”等惩罚措施，更是体现了这一原则。从履约情况来看，这些惩罚措施对企业的震慑作用也相当明显。自 2014 年起，湖北省连续 4 年控排企业交易参与率和履约率均为 100%。

（九）特点分析

湖北碳市场在机制设计及实际运行过程中，主要呈现以下特点：

（1）在配额分配方面，湖北省配额分配呈现总量刚性和结构柔性并济的特点。湖北碳市场充分考虑经济增长、节能减排的硬性指标要求来预测未来的全社会排放总量以及行业排放总量，在此基础上确定配额总量，并具有刚性特征不能更改。尤其是对既有排放设施严格控制，其排放水平固化在 2010 年的 97% 上；对新增产能和新增产量则设定企业预留配额，如果不足，也可以动用政府预留配额。在刚性的配额总量之下，充分考虑湖北省经济增长对新增投资的需求，确定既有配额、新增预留、政府预留三大部分的总量结构。对配额结构的不同部分设置不同的比重和功能，并进行动态化管理，充分发挥配额结构管理的灵活性。

（2）在纳入行业和企业层面，湖北省在碳市场运行初期采取了“抓大放小”的策略。湖北省初期设置的纳入企业能耗和碳排放门槛远远高于其他6个试点省市，即2010年、2011年任一年综合能耗6万t标准煤及以上的工业企业全部纳入。设置纳入企业门槛时体现的“抓大放小”特征明显，这可以使政府在碳市场尚不完善的初期，降低行政管理成本和前期建设成本，同时便于和企业沟通，也能克服基础能力不足特别是数据基础薄弱的问题。

（3）在覆盖行业方面，湖北碳市场行业多元化和减排成本差异化的特点显著。减排成本差异是碳交易市场交易活跃度的前提条件，确定覆盖行业时要体现行业的多元化和行业间减排成本的差异化。湖北省在确定ETS的行业覆盖范围时，在“抓大放小”的同时兼顾行业的多元化，涉及16个工业行业。同时也探索了行业减排成本的方法学并绘制行业间和行业内的边际减排成本曲线，通过对行业间的减排成本和潜力进行系统的分析和比较，为企业碳资产管理和政府的科学决策提供依据。

另外，湖北省还采取鼓励企业碳配额交易的独特政策，即企业配额一年一核发，履约后免费发放但未经交易的配额予以注销。这一规定使企业将交易分散在平时，避免了履约前集中交易而增加履约成本，同时也极大地刺激了湖北碳市场配额的流动性。

六、天津市碳市场运行现状

（一）市场概况

天津碳交易试点市场于2013年12月26日正式启动。作为我国华北地区主要重化工基地，天津碳交易试点主要覆盖电力、热力、钢铁、化工、石化以及石油天然气开采5大行业和民用建筑领域（表2-13）。天津碳交易试点市场以碳配额交易为主，以CCER作为辅助交易标的。配额分配方法主要为“无偿分配＋拍卖”。

表2-13 天津碳交易试点初期纳入企业行业分布

行业	企业数/家	排放占比/%	备注
电力热力	30	40.34	国企
钢铁	51	37.19	民企多
化工	20	8.76	国企、私企、合资
石化	7	7.04	国企＋外资
油气开采	5	6.67	国企

受多重因素影响，目前天津排放权交易市场仍面临“参与度低、活跃度低”的局面。

（二）相关政策法规

2013年2月，天津市政府办公厅发布了《天津市碳排放权交易试点工作实施方案》，明确了天津市实施碳排放权交易试点工作的总体要求、重点任务和保障措施。2013年12月，天津市政府办公厅发布了《天津市碳排放权交易管理暂行办法》，明确了天津碳排放权交易的原则和管理体制，并对配额管理、碳排放监测报告与核查、碳排放权交易、监管与激励、法律责任等方面进行了具体规定。天津市还在配额分配、排放量监测报告与核查、登记注册、市场交易等多个领域制定了具体的规范性文件，形成了较为完善的政策体系。天津碳市场试点主要的政策文件见表2-14。

表2-14 天津碳市场交易试点主要政策文件

制度要素	文件名称	文件效力
实施方案	《天津市碳排放权交易试点工作实施方案》	政府文件
管理办法	《天津市碳排放权交易管理暂行办法》	政府规章
总量配额及覆盖范围	《市发展改革委关于开展碳排放权交易试点工作的通知》 《天津市碳排放权交易试点纳入企业碳排放配额分配方案（试行）》 《市发展改革委关于发布天津市碳排放权交易试点纳入企业名单的通知》 《市发展改革委关于发布天津市碳排放权交易试点纳入企业2014年度履约名单的公告》 《市发展改革委关于发布天津市碳排放权交易试点纳入企业2015年度履约名单的公告》 《市发展改革委关于发布天津市碳排放权交易试点纳入企业2016年度履约名单的公告》 《市发展改革委关于发布天津市碳排放权交易试点纳入企业2017年度履约名单的公告》 《市生态环境局关于发布天津市碳排放权交易试点纳入企业名单的通知》 《市生态环境局关于我市碳排放权交易试点纳入企业2019年度配额安排的通知》	政府文件
注册登记	《天津市碳排放配额登记注册系统操作指南（试行）》	
MRV	《市发展改革委关于开展碳排放权交易试点纳入企业2013年度碳排放报告的通知》 《市发展改革委关于开展碳排放权交易试点纳入企业2013年度碳排放核查工作的通知》	政府文件

制度要素	文件名称	文件效力
MRV	《天津市生态环境局关于做好我市 2018 年度碳排放报告与核查及履约等工作的通知》 《市生态环境局关于做好我市 2019 年度碳排放报告与核查及履约等工作的通知》 《天津市钢铁行业碳排放核算指南（试行）》 《天津市电力热力行业碳排放核算指南（试行）》 《天津市化工行业碳排放核算指南（试行）》 《天津市炼油和乙烯企业碳排放核算指南（试行）》 《天津市其他行业碳排放核算指南（试行）》 《天津市企业碳排放报告编制指南（试行）》	政府文件
抵消机制	《市发展改革委关于天津市碳排放权交易试点利用抵消机制有关事项的通知》	政府文件
交易机制	《天津排放权交易所碳排放权交易规则（暂行）》 《天津排放权交易所碳排放权交易结算细则（暂行）》 《天津市生态环境局关于 2018 年度碳排放配额有偿竞价发放的公告》	政府文件及其他
监督管理	《市发展改革委关于天津市碳排放权交易试点纳入企业 2013 年度碳排放履约情况的公告》 《市发展改革委关于天津市碳排放权交易试点纳入企业 2014 年度碳排放履约情况的公告》 《市发展改革委关于天津市碳排放权交易试点纳入企业 2015 年度碳排放履约情况的公告》 《市发展改革委关于天津市碳排放权交易试点纳入企业 2016 年度碳排放履约情况的公告》 《市发展改革委关于天津市碳排放权交易试点纳入企业 2017 年度碳排放履约情况的公告》 《市生态环境局关于天津市碳排放权交易试点纳入企业 2018 年度碳排放履约情况的公告》	政府文件及其他

（三）市场机制设计

1. 市场覆盖范围

依照碳排放权交易试点工作的要求，天津市制定了《天津市碳排放权交易试点工作实施方案》，对碳排放权交易管控企业的范围进行界定。控排企业包括在天津市辖区内 2009 年以来年排放二氧化碳 2 万 t 以上的企业或单位，市场启动之初所涵盖的行业包括钢铁、化工、石化、电力、热力、油气开采等重点排放行业，首批纳入控排企业的数量达到 114 家。据估算，上述领域的碳排放量占全市碳排放量的

60% 左右。对于报告单位，天津市规定年二氧化碳排放量达到 1 万 t 及以上的企业或单位纳入报告单位范围。此外，天津市规定根据全国碳排放权交易市场建设进展及天津市碳排放权交易能力建设情况，研究逐步扩大市场范围。2019 年，碳市场管理工作转隶到天津市生态环境局后，天津市生态环境局对纳入企业名单进行了部分调整，力图与国家碳市场涵盖的行业保持一致。

2. 配额分配方式

天津市的工作方案中规定配额分配以免费发放为主，以拍卖或固定价格出售等有偿发放为辅。就目前的状况而言，天津市对于配额发放实行免费发放的方式，但是天津市也在积极探索推出通过市场拍卖方式发放配额的机制，以求与国际接轨。此外，天津市将纳入企业的碳排放配额分为基本配额、调整配额和新增设施配额，对于不同行业的不同类型配额采取不同类型的核定方法。

对于对电力、热力、热电联产行业的纳入企业依据基准法分配配额。2013 年，基准水平依据纳入企业 2009—2012 年正常工况下单位产出二氧化碳排放的平均值确定。2014 年、2015 年基准水平按照上一年度基准值下降 0.2% 确定。

对钢铁、化工、石化、油气开采等行业的纳入企业采用历史法分配配额。以历史排放数据为依据，综合考虑先期减碳行动、技术先进水平及行业发展规划等，向纳入企业分配基本配额。

因启用新增设施所产生的排放，纳入企业可在履约期间主管部门提出新增设施配额申请并提交相关材料。经主管部门批准后，按照纳入企业所属行业二氧化碳排放强度先进值发放配额。

（四）监测报告核证（MRV）体系

天津碳交易市场规定，纳入碳排放管控的企业应于每年 11 月 30 日前将本企业下年度碳排放监测计划报主管部门，并严格依据监测计划实施监测。碳排放监测计划应明确排放源、监测方法、监测频次及相关责任人等内容。

纳入企业应于每年 4 月 30 日前将碳排放报告连同核查报告以书面形式一并提交主管部门。纳入企业不得连续 3 年选择同一家第三方核查机构和相同的核查人员进行核查。

存在下列情形之一的，主管部门有权对纳入企业碳排放量进行核实或复查：

（1）碳排放报告与核查报告中的碳排放量差额超过 10% 或 10 万 t。

（2）本年度碳排放量与上年度碳排放量差额超过 20%。

年度碳排放达到一定规模，但尚未达到纳入碳排放管控门槛的企业应于每年第一季度编制本企业上年度的碳排放报告，并于 4 月 30 日前报主管部门。报告企业应当对所报数据和信息的真实性、完整性和规范性负责。报告企业排放规模标准由主管部门同相关部门制定。

（五）交易体系

1. 交易标的

天津碳市场交易标的包括碳配额产品（代码 TJEA）、中国核证自愿减排量（代码 CCER）。TJEA 交易数额以 1 t 或其整数倍为单位，CCER 交易数额以 1 t 或其整数倍为单位。最小报价单位以元（人民币）/t 计价，价格的最小变动单位为 0.01 元。

2. 交易主体

符合天津排放权交易所规定的国内外机构、企业、团体和个人均可参与天津市碳排放权交易。交易会员及交易所认可的机构进入交易所进行交易前，须向交易所申请取得相应席位和交易权，成为交易所交易参与人。

3. 交易方式

在交易方式的选择上，天津碳排放权交易采用网络现货交易、协议交易和拍卖交易等方式。

网络现货交易是指交易者通过交易所交易系统对碳配额产品进行交易申报，经匹配后生成电子交易合同，持有电子交易合同的交易者可根据申报实现实物交收的交易方式。在进行交易前，交易者应具有满足交易所需的全额交易资金，交易系统将按照“价格优先、时间优先”的原则进行匹配。

协议交易是项目在挂牌期间只产生一个符合条件的意向受让方或者双方进行自主线下协议后，在交易所的组织下，交易者通过协商方式确定交易内容、交易价格等条款，签订交易合同，完成交易过程的交易方式。天津排放权交易所要求单笔交碳易量超过 20 万 t 时，交易者应采取协议交易的方式达成交易，但并没有对协议交易方式的涨跌幅作出限制。

拍卖交易是指交易标的以整体为单位进行挂牌转让，在设定的一个交易周期内场多个意向受让方（不少于 2 人）对同一标的物按照拍卖规则及加价幅度出价，直至交易结束，最终按照“价格优先、时间优先”原则确定最终受让方的交易方式。

（六）抵消机制

《天津市碳排放权交易管理暂行办法》对于碳排放权交易中的抵消机制作出了详细规定，用于抵消的核证自愿减排量应同时符合以下条件：

（1）核证自愿减排量的使用比例不得超过纳入企业当年实际碳排放量的 10%。

（2）核证自愿减排量应按照国家有关规定进行备案和登记。

（3）核证自愿减排量所属的自愿减排项目，其全部减排量均应产生于 2013 年 1 月 1 日后。

（4）优先使用津京冀地区自愿减排项目产生的减排量。天津市及其他碳交易试点省市纳入企业排放边界范围内的核证自愿减排量不得用于天津市的碳排放量抵消。

（5）核证自愿减排量仅来自二氧化碳气体项目，且不包括来自水电项目的减排量。

（七）市场履约和监管机制

天津碳交易市场规定，纳入碳排放管控的企业应于每年 6 月 30 日前，通过其在登记注册系统所开设的账户，注销至少与其上年度碳排放量等量的配额，履行遵约义务。

根据《天津市碳排放权交易管理暂行办法》，纳入企业未按规定履行碳排放监测、报告、核查及遵约义务的，由主管部门责令限期改正，并在 3 年内不得享受以下优惠政策：

（1）银行及其他金融机构同等条件下优先为信用评级较高的纳入企业提供融资服务，并适时推出以配额作为质押标的的融资方式。

（2）市和区有关部门应支持信用评级较高的纳入企业同等条件下优先申报国家循环经济、节能减排相关扶持政策和预算内投资所支持的项目。本市循环经济、节能减排相关扶持政策同等条件下优先考虑信用评级较高的纳入企业。

（八）市场运行情况

1. 交易情况

根据天津排放权交易所的统计数据，自 2013 年 12 月启动碳排放权交易以来，截至 2014 年 2 月 11 日收市，共完成 1 201 笔交易，成交量共计 77 560 t，交易额共计 2 124 059.60 元。其中线上交易共计 32 560 t，交易额共计 874 059.60 元。这标志着天津市在开展碳排放权交易试点工作方面取得初步成效。截至 2019 年 6 月 30 日，天津碳市场现货配额累计成交量约 808 万 t，成交额 1.08 亿元。

2. 履约情况

天津碳市场两次推迟首个履约期，最终于 2014 年完成首次履约，114 家纳入企业中有 4 家企业未能履约，履约率为 96.5%。2015 年度履约期间，天津市 112 家纳入企业中，履约企业 111 家，未履约企业 1 家，履约率为 99.1%。

2016—2018 年，纳入企业均为 109 家，履约率均达到 100%。

（九）特点与问题分析

天津碳市场中，碳配额一级市场与二级市场交易价格未能形成有效联动。以2019年为例，上半年二级市场长期出现零交易状态，且一直延续到履约期临近。2019年履约期前，政府于6月27日进行了配额拍卖，有偿发放总量为200万t，底价依据2018年1月1日—2019年6月26日所有交易日市场加权平均价的1.2倍，确定为14.63元。最终有效申报量为1 076 539 t，全部以底价成交。这次拍卖特别规定，企业竞买量不得超过其年度配额缺口量。因此这次拍卖实质是惩罚性拍卖。二级市场的交易不活跃和临近履约期的拍卖活动充分说明了天津市碳交易市场受政府控制力度最大，市场机制未能充分发挥作用。

天津碳市场相比于其他试点，在抵消机制层面的限制最为宽松，允许使用比例达到企业当年实际碳排放量的10%，处于全国最高。对于项目类型的唯一限制是不能使用水电项目。对于减排量时间的要求是，所属CCER项目的全部减排量应产生与2013年1月1日以后。这些宽松的限制条件，客观上也造成了天津碳市场的履约企业很容易买到符合要求的CCER，从而进一步降低了配额的流动性。

七、重庆市碳市场运行现状

（一）市场概况

重庆市碳交易机制由7项要素和3个操作平台构成，7要素为覆盖范围、配额总量、配额分配、碳抵消机制、监测报告与核查机制、碳市场建设、政策法规体系。3个操作平台为配额登记注册平台（政府主管部门用于配额的发放与核销），碳排放报告系统（控排企业上报年度碳排放量）和碳交易平台（控排企业购买配额或中国核证自愿减排量）。与其他试点机制只将温室气体中的二氧化碳纳入排放管理不同，重庆市将6种温室气体（CO_2，CH_4，N_2O，HFCs，PFCs，SF_6）都纳入监管范围，折算成二氧化碳当量值（CO_2e）进行排放核算和交易；从控排行业看，将冶金、电力、化工、建材、机械、轻工行业中年排放二氧化碳当量2万t以上，或年能源消费量超过1万t CO_2e的企业纳入碳交易机制进行管理，共计254家企业，纳入的排放规模占重庆市工业行业碳排放总量的60%左右，占全市碳排放量的40%。

（二）相关政策法规介绍

重庆市从顶层设计建立“1+1+3+7”的政策制度和操作规范。市人大常委会将《关于碳排放管理若干事项的决定》纳入了立法计划，市政府制定《重庆市碳排放权交易管理暂行办法》。重庆市主管部门会同有关部门和单位制定了相关细则和技术规范，为试点提供制度保障。重庆市碳交易试点主要政策文件见表 2-15。

表 2-15 重庆市碳交易试点主要政策文件

制度要素	文件名称	文件效力
管理办法	《重庆市碳排放权交易管理暂行办法》	政府规章
总量配额及覆盖范围	《重庆市碳排放配额管理细则（试行）》 《重庆市碳排放权交易试点企业名单（2018 年）》 《重庆市发展和改革委员会关于下达重庆市 2016 年度碳排放配额的通知》	政府文件
MRV	《重庆市工业企业碳排放核算报告和核查细则（试行）》 《重庆市工业企业碳排放核算和报告指南（试行）》 《重庆市企业碳排放核查工作规范（试行）》 《重庆市发展和改革委员会关于组织开展 2013 年度配额管理单位碳排放报告工作的通知》 《重庆市发展和改革委员会关于开展 2014 年度碳排放报告工作的通知》 《重庆市发展和改革委员会关于开展 2015 年度碳排放报告工作的通知》 《重庆市发展和改革委员会关于开展 2017 年度碳排放报告工作的通知》 《重庆市发展和改革委员会关于开展 2013 年度配额管理单位碳排放核查工作的通知》 《重庆市发展和改革委员会关于开展 2014 年度配额管理单位碳排放核查工作的通知》 《重庆市发展和改革委员会关于开展 2016 年度企业碳排放核查工作的通知》 《重庆市发展和改革委员会关于开展企业碳排放核查工作的通知》	政府文件
抵消机制	未公布正式文件	
交易机制	《重庆联合产权交易所碳排放交易细则（试行）》 《重庆联合产权交易所碳排放交易结算管理办法（试行）》 《重庆联合产权交易所碳排放交易风险管理办法（试行）》 《重庆联合产权交易所碳排放交易信息管理办法（试行）》	政府文件及其他
监督管理	《重庆联合产权交易所碳排放交易违规违约处理办法（试行）》 《重庆市发展和改革委员会关于抓紧做好 2013—2014 年度碳排放配额清缴工作的通知》 《重庆市发展和改革委员会关于抓紧做好 2015 年度碳排放配额清缴工作的通知》 《重庆市发展和改革委员会关于抓紧做好 2016 年度碳排放配额清缴工作的通知》	政府文件及其他

制度要素	文件名称	文件效力
监督管理	《重庆市发展和改革委员会关于抓紧做好2017年度碳排放配额清缴工作的通知》 《重庆市发展和改革委员会关于开展2013年度配额管理单位碳排放复核工作的通知》 《重庆市发展和改革委员会关于开展2014年度配额管理单位碳排放复核工作的通知》 《重庆市发展和改革委员会关于开展2015年度配额管理单位碳排放复核工作的通知》 《重庆市发展和改革委员会关于开展2016年度配额管理单位碳排放复核工作的通知》	政府文件及其他

（三）市场机制设计

1. 市场覆盖范围

根据《重庆市碳排放配额管理细则》2015年前，将2008—2012年任一年度排放量达到2万t二氧化碳当量的工业企业纳入配额管理。以配额管理单位既有产能2008—2012年最高年度排放量之和作为基准配额总量，2015年前，按逐年下降4.13%确定年度配额总量控制上限，2015年后根据国家下达的碳排放下降目标确定。配额管理单位在2011—2012年扩能或新投产项目，其第一年度排放量按投产月数占全年的比例折算确定。2015年前，配额实行免费分配。

2. 配额分配方式

与深圳市相似，重庆市也采取配额先自主申报、后调整的方式。如申报量之和低于基准配额总量，申报量即为年度配额；如申报量之和高于基准配额总量且配额管理单位申报量高于其历史最高排放量，以其申报量和历史最高排放量的平均值为分配基数，低于其历史最高排放量的，申报量为分配基数。但企业的申报量须经主管机关的审定，低于或超过审定排放量8%的，予以补发或扣减，补发的配额不得在总量之外创设。2013年和2014年审定排放量和调整后配额分别为119 454 721 t和106 318 519 t二氧化碳当量。

（四）监测报告核证（MRV）体系

企业应当在每年2月20日前向市主管部门报送书面的年度碳排放报告和工程减排量报告，同步通过“重庆市企业碳排放报告系统”提交年度碳排放和减排量信息。市主管部门在收到企业书面碳排放报告后5个工作日内委托第三方核查机构进行核查。核查机构应当按照《重庆市企业碳排放核查工作规范（试行）》（以下简称《工作规范》）的有关规定开展核查工作。

除了申报年度排放量外，重庆碳市场还允许配额管理单位将其实施减排工程所产生的年度减排量纳入年度排放量一并申报。减排工程应当同时具备以下条件。

（1）2010 年 12 月 31 日后投入运行。

（2）履行了基本建设程序。

（3）具有直接减排效果，且减排量可量化。

（4）不属于国家和本市规定应同步实施的工程。

工程减排量核查按照国家节能量审核和减排量核证等有关规定及《工作规范》的要求执行。

（五）交易体系

1. 交易产品

重庆碳市场的交易产品为经“重庆碳排放权交易登记簿”登记的碳排放配额和其他经国家和本市批准的交易品种，单位以“吨二氧化碳当量（tCO_2）”计。交易主体纳入重庆配额管理范围的单位和符合《重庆联合产权交易所碳排放交易细则》规定的市场主体及自然人可申请成为交易参与人。

2. 交易方式

根据《重庆联合产权交易所碳排放交易细则》（以下简称《交易细则》），重庆碳市场的交易以协议交易的方式进行，但重庆碳市场的“协议交易”比其他碳市场的定义更为宽泛。根据《交易细则》的定义，协议交易是指交易参与人通过交易所交易系统进行买卖申报，与对手方达成合意，并经交易系统确认成交的交易方式。买卖申报类型包括：①意向申报；②成交申报；③定价申报；④交易所允许的其他申报类型。意向申报指令包括交易品种代码、买卖方向、交易价格、交易数量和交易账号等内容。意向申报不承担成交义务，意向申报指令可以撤销。成交申报指令包括交易品种代码、买卖方向、交易价格、交易数量、对手方交易账号和约定号等内容。成交申报要求明确指定价格、数量和对手方。成交申报的数量下限为 1 万 t。成交申报指令在交易系统确认成交前可以撤销。交易系统对交易品种代码、买卖方向、交易价格、交易数量、对手方交易账号和约定号等各项内容均匹配的成交申报进行成交确认。

定价申报指令包括交易品种代码、买卖方向、交易价格、交易数量、交易账号等内容。合意的对手方通过交易系统发出成交指令，按指定的价格与定价申报全部或部分成交，交易系统按时间优先顺序进行成交确认。定价申报未成交部分可以撤销。

交易参与人申报卖出交易产品，不得超过其交易账户的可交易权益余额。交易参与人申报买入交易产品，金额不得超过其交易账户的可用资金余额。

3. 涨跌幅限制

碳排放交易价格实行涨跌幅限制，定价申报涨跌幅比例为10%，成交申报涨跌幅为30%。

涨跌幅基准价为前日交易均价，前日交易均价为上一有成交交易日的定价申报交易量加权平均价。计算结果按四舍五入原则取至价格最小变动单位，最小变动单位为0.01元。

（六）抵消机制

重庆市允许使用CCER抵消配额总量8%的排放量，但是水电项目被排除在外，同时要求100%使用本地CCER进行抵消。

（七）市场履约和监管机制

重庆市对未履约的配额管理单位的行政处罚也较弱，与天津市的规定基本相似。

根据《重庆市碳排放权交易管理暂行办法》，配额管理单位未按照规定报送碳排放报告、拒绝接受核查和履行配额清缴义务的，由主管部门责令限期改正；逾期未改正的，可以采取下列措施。

（1）公开通报其违规行为。

（2）3年内不得享受节能环保及应对气候变化等方面的财政补助资金。

（3）3年内不得参与各级政府及有关部门组织的节能环保及应对气候变化等方面的评先评优活动。

（4）配额管理单位属本市国有企业的，将其违规行为纳入国有企业领导班子绩效考核评价体系。

（八）市场运行情况

1. 交易情况

2014年6月19日，重庆碳市场正式开市，首日交易14.5万t二氧化碳当量，当天平均交易价30.74元/t，交易总价445.75万元。然而，从开市截至2015年7月23日首年履约工作结束时，重庆碳市场仅产生19笔交易。截至2018年年底，同期我国碳交易排放量累计接近8亿t，重庆仅为392.5万t，排放量占比仅为3.05%。

重庆碳市场交易平均价格较低。2013—2018 年全国各区域平均价格为 14.4 元 /t CO_2e。重庆市在 2018 年年底的价格平均仅 4.38 元。尽管年碳成交量不断增长，但成交额占比仅为 0.9%，与其他试点相比差距甚大。2019 年重庆碳交易市场成交量和成交额见表 2-16。

表 2-16　2019 年重庆碳交易市场成交量和成交额

交易产品	最高价 /（元 /t）	最低价 /（元 /t）	成交量 /t	成交金额 / 万元
CQEA	42	3.38	1 401 201	2 437.172 802

2. 履约情况

2014 年开市以来，重庆碳市场首个履约期初定为 2015 年 5 月 25 日—6 月 23 日，而后履约截止日期延迟至 7 月 23 日，即使如此，截至 7 月中旬履约率才达到 70%。此后，重庆碳市场履约更是经历了连续 3 年延迟：其 2015 年度的履约工作实施于 2016 年 10—11 月；2016 年度的履约工作实施于 2017 年 12 月 6 日—2018 年 1 月 5 日；2017 年度的履约工作更是最晚延迟至 2019 年 1 月 5 日。而具体年份的实际履约和处罚情况并没有公布。

（九）特点与问题分析

重庆碳市场在配额分配层面施行了企业碳配额自主申报制，政府在碳排放核查、复查的基础上，对配额进行调整。这一机制虽然与深圳市有一定相似性，但是在实际实施过程中却使企业申报配额通常高于实际排放，在一定比例之内也不会被调减，再加之总量宽松，重庆市 2013 年的年度配额总量盈余较大。同时，年度实际配额的确定要等到主管机构审定实际排放量并进行调整后才能确定，导致排放企业在实际排放量和配额确定之前都不敢进行交易。重庆碳市场在开市之后数年内也呈现了长期无交易的状态。这表明重庆碳市场也存在明显的配额过剩问题。

与其他试点地区有显著区别的是，重庆市限制了配额管理单位出售的配额上限为其年度配额的 50%，旨在降低违约风险，但也人为地减少了二级市场的配额供应量，削弱了流动性。重庆市还是唯一规定排放企业必须存在配额缺口才能使用抵消政策的地区。这意味着如果总量确定和配额的分配方式不变，将极少有缺口企业，CCER 的市场需求也将很少。

抵消类型方面，由于地区内水电比例较高，重庆市将水电项目排除在可供抵消的 CCER 项目之外。同时要求 CCER 须从本地项目产生，但至今重庆市尚无 CCER 项目备案，未来可用于清缴的 CCER 供给将较有限。因此，该抵消政策使得重庆成为事实上的配额单一市场。

八、福建省碳市场运行现状

（一）市场概况

2016 年 4 月，福建省全面启动碳排放权交易市场建设，对接全国，对标先进，对照实际，初步建成了具有福建特色的碳市场。2016 年 12 月成功开市以来，福建碳交易市场顺利启动，运行稳定。当日成交量为 78.63 万 t、交易金额 1 822.65 万元，创全国碳交易试点开市首日成交新纪录。2017 年 6 月 30 日，福建碳市场首个履约期顺利结束，累计成交量 382.3 万 t，总成交金额 10 044 万元。

从覆盖的碳排放总量上看，福建碳市场与湖北碳市场、广东碳市场相当，在我国现有 8 个区域碳市场中位居前列。

（二）相关政策法规介绍

2016 年，福建省先后出台《福建省碳排放权管理暂行办法》（以下简称《管理暂行办法》）和《福建省碳排放权交易市场建设实施方案》等 9 个政策法规，以《管理暂行办法》为总纲性文件，以《碳排放权抵消管理办法》《碳排放交易第三方核查机构管理办法》等为统筹性文件，以《2016 年度碳排放配额分配实施方案》等为实施性文件，构成了层次明确的政策体系，为建立组织管理、配额管理、MRV 体系、交易管理等机制提供依据（表 2-17）。

表 2-17 福建碳交易试点主要政策文件

制度要素	文件名称	文件效力
实施方案	《福建省碳排放权交易市场建设实施方案》	政府文件
管理办法	《福建省碳排放权交易管理暂行办法》	政府规章
总量配额及覆盖范围	《福建省碳排放配额管理实施细则（试行）》 《福建省 2016 年度碳排放配额分配实施方案》 《福建省 2017 年度碳排放配额分配方案》 《福建省发展和改革委员会关于做好 2016 年度碳配额分配与清缴履约工作的通知》 《福建省 2018、2019 年度碳排放配额分配实施方案》	政府文件
MRV	《福建省碳排放权交易第三方核查机构管理办法（试行）》 《福建省重点企（事）业单位温室气体排放报告管理办法（试行）》 《福建省发展和改革委员会关于公布 2016 年度重点排放单位碳排放数据复查任务分配情况的通知》 《福建省发展和改革委员会关于公布 2016 年度重点排放单位碳核查任务分配情况的通知》	政府文件

制度要素	文件名称	文件效力
MRV	《福建省碳排放权交易工作协调小组办公室关于同意公开出让福建省碳排放配额的意见》 《福建省经济信息中心关于做好重点排放单位报送 2016 年度排放报告和 2017 年度监测计划工作的通知》 《福建省经济信息中心关于申报 2016 年度碳排放配额先期减排奖励的通知》	政府文件
抵消机制	《福建省碳排放权抵消管理办法（试行）》	政府文件
交易机制	《福建省碳排放权交易规则（试行）》 《海峡股权交易中心碳资产管理业务细则（试行）》 《海峡股权交易中心碳排放权产品约定购回交易实施细则（试行）》	政府文件及其他
监督管理	《福建省碳排放权交易市场信用信息管理实施细则（试行）》 《福建省碳排放权交易市场调节实施细则（试行）》	政府文件及其他

（三）市场机制设计

1. 市场覆盖范围

2016 年碳市场启动之初，福建省主管部门根据 2013—2015 年中任意一年综合能源消费总量达 1 万 t 标准煤以上（含）（即排放约达 2.6 万 t 二氧化碳当量）的企业法人单位或独立核算单位碳排放核查结果，最终共纳入电力、钢铁、化工、石化、有色、民航、建材、造纸、陶瓷 9 大行业的 277 家企业。地域分布上，9 个地级城市均有企业被纳入，其中泉州市居多，占纳入企业总数的 40.43%。行业分布上，除国家规定 8 大行业外，福建省陶瓷行业作为特色行业被纳入碳交易，企业数达 119 家，占比 42.96%。2018 履约年度，福建省碳市场纳入门槛和行业未发生变化，总纳入企业数为 255 家。

2. 配额分配方式

2018 年、2019 年配额总量由既有项目配额、新增项目配额和市场调节配额 3 部分组成。市场调节配额用于市场灵活调节，防止配额过紧或超发，额度为配额总量的 10%。

重点排放单位配额实行免费分配，根据行业不同，可采用基准线法、历史强度法。以福建省生态环境厅发布的《福建省 2018、2019 年度碳排放配额分配实施方案》为例，其中，发电、水泥、电解铝、平板玻璃等行业重点排放单位采用基准线法分配配额；电网、铜冶炼、钢铁、化工、原油加工、乙烯、纸浆制造、机制纸和纸板、航空、机场、建筑陶瓷及卫生陶瓷等行业重点排放单位采用历史强度法。

为了体现企业节能减排的历史贡献，福建省在首次配额分配时还制定了配额奖励制度。2016 年，福建省针对以下两种情况实行配额奖励。一是重点排放单位在 2010—2012 年，实施了节能技改或合同能源管理项目，且得到国家或本省有关部门按节能量给予资金支持的；二是采用历史强度法或历史总量法分配的重点排放单位，在 2010—2012 年实施工业煤改气项目，且改造前煤炭消费量占总能源消费量 50% 以上的。2016 年，福建省企业共申报 77 家，最终 51 家企业获得配额奖励。

（四）监测报告核证（MRV）体系

根据《福建省重点企（事）业单位温室气体排放报告管理办法（试行）》规定，重点排放单位应当根据国家和省发布的标准，通过福建省碳交易信息管理与在线报送平台编制年度碳排放报告，于每年 2 月最后一个工作日前，经设区市发展改革委审核，提交给省经济信息中心汇总后，报省碳交办。

重点排放单位应当于每年 4 月 30 日之前将经核查的碳排放报告通过省碳交易信息管理与在线报送平台提交给设区市发展改革委，由其审核后上报省经济信息中心。

一般报告单位应当根据省碳交办发布或认可的标准，通过省碳交易信息管理与在线报送平台编制年度碳排放报告，于每年 2 月最后一个工作日前通过设区市发展改革委提交给省经济信息中心。

省碳交办可根据实际情况确定本省行政区域内的一般报告单位的碳排放报告是否需要第三方核查机构核查，如需要应当按照重点排放单位的碳排放报告与核查要求执行。

省经济信息中心应当于每年 5 月 31 日前委托有资质的第三方核查机构对重点排放单位的年度碳排放报告进行抽查，抽查的对象包括：

（1）年度排放量变化异常的重点排放单位。

（2）不认可第三方核查结果的重点排放单位。

（3）国家发展改革委或省碳交办要求抽查的重点排放单位或一般报告单位。

碳市场启动以来，福建省共开展六批次重点排放企业的碳数据核查、复查工作。总计 10 家第三方机构参与核查复查任务，被核查、复查企业 803 家。

（五）交易体系

1. 交易产品

福建海峡股权交易中心（简称“海交中心”）是福建省碳交易指定平台。根据海交中心颁布的《福建省碳排放权交易规则（试行）》，福建碳市场的交易产品主要有现有碳配额（FJEA）、国家核证自愿减排量（CCER）以及福建林业碳汇

（FFCER）和碳现货中远期等创新类相关产品。

2. 交易主体

海交中心碳排放权交易业务实行会员制，会员分为交易类会员（综合会员、自营会员和公益会员）和非交易类会员（经纪会员、服务会员、战略合作会员）。

纳入福建碳排放权交易体系的重点排放单位和新纳入项目业主（单位）直接成为自营会员；其他交易参与方参与碳排放权交易，应当取得海交中心碳排放权交易类会员资格或通过具有海交中心开户代理资格的综合会员或经纪会员开立交易账户。

3. 交易方式

交易方式分为挂牌点选、协议转让、单向竞价、定价转让以及经批准的中远期现货交易方式。

挂牌点选交易方式下，申报方通过交易系统提出买入申报时，价格必须低于当前价格最低的卖出申报价格；提出卖出申报时，价格必须高于当前价格最高的买入申报价格。应价方通过交易系统回应卖出申报时，只可回应当前价格最低的卖出申报；回应买入申报时，只可回应当前价格最高的买入申报。

交易双方采用协议转让交易方式的，应当协商一致，由一方通过交易系统提出申报，另一方通过交易系统确认后完成交易。采用协议转让的，单笔交易数量应当达到规定的数量。根据海交中心《关于调整协议转让单笔交易数量限制的通知》，目前采用协议转让的交易，单笔交易数量应当达到5万t（含）以上。

交易参与方采用单向竞价交易方式的，应当先向海交中心提交挂牌出让申请，海交中心审核通过后发布公告并组织竞价，在约定的时间内由符合条件的意向受让方按照规定报价，最终达成一致并成交。

交易参与方采用定价转让交易方式的，应当先向海交中心提交挂牌出让申请，海交中心审核通过后发布公告并组织交易，在约定的时间内由符合条件的意向受让方提交定价申购申报，最终达成一致并成交。公告时间结束后，海交中心按照约定的时间组织交易。在约定的时间内，意向受让方通过交易系统提交申购数量。交易系统按照时间优先的原则将出让标的分配给提交申购数量的意向受让方，当出让数量全部分配完毕或交易时间截止时停止分配。定价转让方式下，意向受让方只可提出一次报价，报价一经提出，不可撤销。定价转让的成交价格不纳入海交中心即时行情，成交量在交易结束后计入当日成交总量，成交情况由海交中心另行公告。

（六）抵消机制

根据《福建省碳排放权抵消管理办法（试行）》，重点排放单位用于抵消的FFCER减排量不得超过当年经确认排放量的10%；用于抵消的其他类型项目

CCER 不得超过当年经确认排放量的 5%。

重点排放单位可用于抵消的 FFCER 应当同时满足以下要求：

（1）在本省行政区域内产生。

（2）项目业主具有独立的法人资格。

（3）项目活动参照国家发展和改革委员会或省碳交办备案的林业碳汇方法学开发。

（4）项目应当是 2005 年 2 月 16 日之后开工建设。

重点排放单位可用于抵消的 CCER，除获得国家发展和改革委员会备案外，应当同时满足以下要求：

（1）在本省行政区内产生，且非来自重点排放单位的减排量。

（2）非水电项目产生的减排量。

（3）仅来自二氧化碳（CO_2）、甲烷（CH_4）气体的项目减排量。

（七）市场履约和监管机制

在监管机制层面，福建省碳交办会同有关部门对拒绝履行清缴义务的企业进行配额处罚和罚款，对积极履约的企业予以守信激励，对拒绝履约的企业予以失信惩戒。

根据《福建省碳排放权交易管理暂行办法》，重点排放单位未足额清缴配额的，由设区的市人民政府碳排放权交易主管部门责令其履行清缴义务；拒不履行清缴义务的，在下一年度配额中扣除未足额清缴部分 2 倍配额，并处以清缴截止日前一年配额市场均价 1～3 倍的罚款，但罚款金额不超过 3 万元。此外，对于重点排放单位妨碍第三方核查和第三方机构自身失职的行为也规定了 1 万～3 万元的罚款。

（八）市场运行情况

1. 交易情况

截至 2018 年 8 月 15 日，福建碳市场累计成交量 854.47 万 t，总成交金额 18 206.65 万元。其中，福建碳配额（FJEA）成交 561.56 万 t、金额 13 584.68 万元，国家核证自愿减排量（CCER）成交 151.72 万 t、金额 2 547.52 万元，福建林业碳汇（FFCER）成交 141.19 万 t、金额 2 074.44 万元。

2. 履约情况

福建省首个碳配额履约于 6 月 30 日顺利完成，截至 7 月 11 日，纳入碳排放权市场的石化、化工、建材、钢铁、有色、造纸、电力、航空、陶瓷 9 大行业共 277 家重点排放单位中，271 家企业主动完成履约，2 家企业延期完成履约，4 家企业未按规定完成履约，履约率接近99%。2017年7月12日，福建碳排放权交易工作协调小组办公室发布了《关于公布2016年度重点排放单位的碳排放和配额清缴情况的公告》对延迟履约和未按规定履约的企业予以公示。

2017履约年度福建碳排放权交易市场纳入碳排放配额管理的255家，截至2018年8月15日履约期结束，重点排放单位全部完成年度配额清缴，履约率达100%。

2019年7月18日，福建省生态环境厅发布了《关于2018年重点排放单位的碳排放和配额清缴情况的公告》，2018年全省255家重点排放单位应清缴碳排放配额总量215 571 659 t，全部按时缴清，履约率再次达到100%。

（九）特点分析

作为国内第8个碳交易试点地区，福建碳市场凸显以下几个特点。

（1）建设起点高。全面对接全国碳市场总体思路，首个采用国家颁布的碳核查标准与指南，特别是数据直报系统与国家在建系统标准完全一致，且电力、水泥、电解铝3个行业的配额分配方法与近期国家发布的讨论稿几乎完全一致。因此，福建省碳交易市场的建设和运行，对全国碳交易市场尤其是电力、水泥和电解铝之外其他行业，更具借鉴价值。

（2）建设速度快。福建碳市场的整体设计充分借鉴了国内其他碳交易试点的经验，从启动到正式运行，只用了短短8个月时间，这在全国是前所未有的。

（3）交易品种全。统筹对接全国市场，结合福建省情，创新开发林业碳汇，共有福建碳配额（FJEA）、国家核证自愿减排量（CCER）和福建林业碳汇（FFCER）3种产品。特别是FFCER产品，充分借鉴了北京、广东碳汇产品的设计经验。

（4）覆盖范围广。除国家规定的石化、化工、建材、钢铁、有色、造纸、电力、航空8大行业外，福建省还针对当地产业特点，在全国率先将陶瓷业年能源消耗总量达1万t标准煤的119家企业纳入，而同期首批重点排放单位共277家，陶瓷行业企业占比约43%。

第三章

用能权的试点

一、福建省用能权市场运行

（一）试点概况

根据国家发展改革委关于用能权有偿使用和交易试点工作部署，2017 年福建省启动用能权有偿使用和交易试点工作。2018 年 12 月 19 日，福建省用能权交易市场正式启动，成为全国首个在省域范围内开展用能权交易试点的省份。自试点启动以来，福建省主要开展了以下工作：

一是完善制度支撑，建立了“1+1+7+n”制度体系，即 1 个管理办法，1 个实施方案，7 个配套细则及 9 个行业综合能源消费量核算与报告指南。成立了专门的立法工作小组，推动出台《福建省用能权交易管理暂行办法》，通过配套细则规范用能权交易的能源消费量报告、能源消费量审核、指标分配、市场调节、信用评价、交易规则和市场调节 7 个方面内容。

二是建立了由福建省工信厅牵头，福建省发展改革委、财政厅等 11 家省直单位和相关部门共同组成的联席会议制度，明确联席会议主要职责和工作机制，召开联席会议联络员会议，统筹协调用能权交易市场建设。

三是着手开展试点工作，在火力发电等 9 个行业开展试点，制定并发布了水泥制造等 9 个行业的综合能源消费量核算与报告指南，组织纳入用能权交易试点的企业报送用能权交易能源消费量报告，开展能源消费情况第三方核查等工作，制定用能权指标分配实施方案。

四是建立了能源消费数据报送、用能权指标注册登记和交易系统 3 大技术体系，为试点推进提供了有效的硬件保障。

五是加强宣传动员，对纳入试点的企业和各设区市工信部门相关负责同志开展用能权交易的宣贯培训，部署用能单位能源消费情况报送等工作。召集开展实盘交易的水泥行业企业代表座谈，认真听取代表意见并回应代表疑问。编制节能倡议书，组织纳入 2018 年用能权交易试点的 95 家企业积极响应倡议内容。

（二）制度建设及系统支撑

1. 制度建设

福建省在制度建设方面，构建了“1+1+7+n”的用能权交易试点制度体系，包括《福建省用能权交易管理暂行办法》《福建省用能权有偿使用和交易制度试点实施方案》及《福建省用能权交易能源消费量报告管理办法》《福建省用能权交易能源消费量审核机构管理办法》《福建省用能权交易能源消费量审核指南》《福建省用能权指标总量设定和分配办法》《福建省用能权交易实施细则》《福建省用能权交易市场调节实施细则》《福建省用能权交易市场信用评价实施细则》7项配套实施细则。同时，为保证用能权交易能源消费量核算和报告工作开展，分两批发布了纳入市场的9个行业的综合能源消费量核算与报告指南（试行），见表3-1。

表3-1　福建省用能权交易市场“1+1+7+n”法规体系

法规类型	发布时间	法规名称	主要内容及意义
管理办法	2020年1月6日	《福建省用能权交易管理暂行办法》（省人民政府令第212号）	共七章三十五条，主要内容包括了用能权指标管理，市场交易，监测、报告、审核与清缴，监督和保障，法律责任等方面。以地方政府规章的形式确立了用能权交易在福建省的立法地位，为用能权交易提供了法律保障
实施方案	2017年12月28日	《福建省用能权有偿使用和交易制度试点实施方案》（闽政〔2017〕58号）	明确了用能权交易的试点范围、历史数据、用能权指标、交易程序等内容；对总体目标、实施步骤、保障措施等做了规定
配套细则	2017年9月6日	《福建省用能权交易能源消费量审核指南》（闽经信环资〔2017〕277号文）	促进福建省用能权交易机制的建立，规范能源消费量第三方审核机构的审核流程
	2017年12月7日	《福建省用能权交易能源消费量审核机构管理办法》（闽经信环资〔2017〕342号文）	加强用能权交易能源审核机构的管理，确保科学合理、高效公正地开展能源消费量的审核工作
	2018年1月15日	《福建省用能权交易市场信用评价实施细则》（闽经信环资〔2018〕15号文）	建立健全用能权交易市场信用信息管理体系，构建“守信激励、失信惩戒”机制，确保福建省用能权交易市场规范有序运行
	2018年1月15日	《福建省用能权交易市场调节实施细则》（闽经信环资〔2018〕16号文）	调控和稳定市场价格，避免用能权指标供需严重失衡，确保市场稳定运行
	2018年1月15日	《福建省用能权交易能源消费量报告管理办法》（闽经信环资〔2018〕17号文）	规范福建省用能单位能源消费量报告管理，保证企业能源消费量信息的真实性、准确性和可靠性
	2018年1月17日	《福建省用能权指标总量设定和分配办法》（闽经信环资〔2018〕19号文）	对用能权指标的分配、发放、清缴等相关事宜作出规范要求
	2018年12月10日	《福建省2018年度用能权指标分配方案》（闽工信环资〔2018〕28号文）	对纳入用能权指标管理的不同行业设计了不同的指标分配方法

法规类型	发布时间	法规名称	主要内容及意义
行业核算指南	2018 年 5 月 25 日	《炼钢企业综合能源消费量核算与报告指南（试行）》 《铁合金冶炼企业综合能源消费量核算与报告指南（试行）》 《原油加工企业综合能源消费量核算与报告指南（试行）》 《玻璃生产企业综合能源消费量核算与报告指南（试行）》 《电解铝生产企业综合能源消费量核算与报告指南（试行）》 《铜冶炼生产企业综合能源消费量核算与报告指南（试行）》 《合成氨生产企业综合能源消费量核算与报告指南（试行）》	
	2018 年 3 月 19 日	《水泥制造企业综合能源消费量核算与报告指南（试行）》 《火力发电企业综合能源消费量核算与报告指南（试行）》	

2020 年 1 月 6 日，福建省政府颁布了《福建省用能权交易管理暂行办法》（以下简称《办法》），并于 2020 年 3 月 1 日起施行。《福建省用能权交易管理暂行办法》共七章三十五条，主要内容包括了用能权指标管理、市场交易、监测、报告、审核与清缴、监督和保障、法律责任等方面内容，对福建省的用能权交易进行全面的监督和规范。《办法》以地方政府规章的形式确立了用能权交易在福建省的法律地位，为用能权交易提供了法律保障。

其重要内容及作用详见表 3-2。

表 3-2 《福建省用能权交易管理暂行办法》要点解析

要点	主要内容	作用及意义
管理职责及分工	省、设区的市人民政府工业和信息化主管部门是本行政区域用能权交易主管部门，省主管部门负责统筹市场建设，制定交易规则，确定覆盖范围、指标总量、指标分配方法；市主管部门负责本行政区域交易相关活动监督管理	明确了省主管部门及市主管部门的主要职责及分工
用能权指标管理	福建省人民政府用能权交易主管部门应当在年度用能权指标总量中预留一定数量的指标，用于市场调节、新增产能等	主管部门每年预留一定指标，对用能权市场主动调节，确保交易平稳
市场交易	自愿参与用能权交易的单位也应纳入交易；允许使用挂牌点选、单向竞价、协议转让或者国家和福建省规定的其他方式进行用能权指标的相关交易	确定交易主体及交易方式
系统建设	用能权交易系统，与用能权注册登记系统等信息平台联网，并与全省统一的公共资源交易平台、电子行政监督平台对接，实现数据对接、信息共享	与国家发展改革委印发的《全国公共资源交易目录指引》中将目录清单内公共资源交易全部纳入平台体系，不断提高公共资源配置效率和公平性的要求相一致

要点	主要内容	作用及意义
用能权指标监测和审核报告	用能权交易单位应根据主管部门的要求，做好能源消费量数据计量、监测和统计，编制上年度能源消费量报告；用能权交易主管部门可根据能源消费量报告和审核报告，确认用能权交易主体上年度的能源消费量	确定用能权指标的监测、审核及确定方式，保证能源消耗数据可靠性
法律责任	用能权交易主体出现不提交能源消费量报告、拒绝核查、不按时履行清缴义务任一种情况时，主管部门责令限期改正；逾期未改正的，处 1 万元以上 3 万元以下罚款	履约清缴制度是用能权交易市场运行的根本，保证交易体系的权威性和公信力，提高交易主体履约率

2. 系统支撑

福建省建设了用能权交易管理作为系统支撑，具备用能权交易能源消费数据报送、用能权指标注册登记、用能权指标交易 3 大平台。

用能权交易能源消费数据报送系统是企业报送能源消费量数据的平台，为企业进行用能数据报送及第三方审核提供支撑。用能权指标注册登记系统是主管部门向用能单位发放指标的系统，用能单位在注册登记系统上进行指标管理和清缴。用能权指标交易系统依托福建省政府指定的用能权交易机构建设，交易主体在交易机构开户后，可以在用能权交易系统上进行指标买卖，与注册登记系统实现互通。

（三）市场机制设计

1. 覆盖范围

福建省试点市场纳入指标管理的用能单位范围为水泥制造、火力发电、炼钢、原油加工、合成氨、玻璃、铁合金冶炼、电解铝、铜冶炼 9 个行业。其中，年综合能源消费量达到 5 000 t 标准煤及以上的用能单位将被纳入。

2. 交易主体及交易产品

福建省试点市场的交易主体是纳入试点的用能单位，鼓励符合条件的企业法人自愿参与。市场启动初期以用能权指标现货交易为主，依法依规逐步引入其他相关产品，逐步引入衍生品交易。

2015 年开展节能量交易试点工作时，福建省将年耗能 5 000 t 标准煤以上的水泥、火电行业（40 家重点企业）进行了节能量交易。2017 年，福建省将节能量交易调整为基于能源消费总量控制下的用能权交易，率先在水泥和电力两个行业共计 88 家企业开展用能权交易试点，纳入试点企业的能源消费总量占全省规模以上工业能源消费量的 35%。2018 年，福建省逐步扩大试点范围，将合成氨、玻璃、铁合金、工业硅、原油加工、钢铁、铜冶炼、电解铝等行业合计 95 家重点企业纳入试点，纳入试点企业的能源消费总量占全省规模以上工业能源消费量的 64%。

2019 年，福建省继续扩大试点范围，纳入指标管理的用能单位共计 100 家。其中，水泥制造企业 35 家，火力发电企业 19 家，炼钢企业 18 家，铁合金冶炼企业 14 家，合成氨企业 5 家，玻璃企业 4 家，电解铝企业 1 家，铜冶炼企业及原油加工企业各 2 家，9 大行业满足要求企业均包括在其中，如图 3-1 所示。

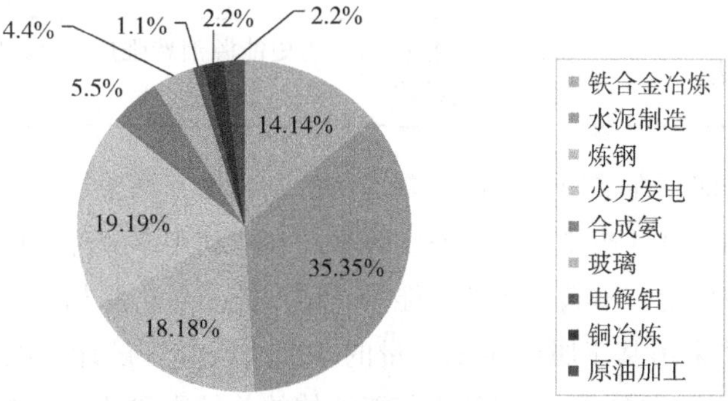

图 3-1　福建省用能权市场纳入管理用能单位

（四）用能权确权与指标分配

2018 年 1 月，福建省根据产业发展政策要求，出台《福建省用能权指标总量设定和分配办法》，统筹确定了年度用能权指标总量，设定行业指标总量和分配用能权指标，对用能单位实行能耗总量和能耗强度的“双控”标准，区分总量控制行业和非总量控制行业，也区分了用能单位的既有产能和新增产能。

由于水泥行业市场化程度高、福建省率先对其新增产能实行总量控制，水泥制造行业用能权指标分配采用基于历史产量的基准法，火力发电行业采用基于履约年度产量的基准法，其他纳入行业主要采用历史总量法进行指标分配。对于暂不具备总量控制条件的行业，纳入企业履约年度实际产量分配用能权指标，如电力行业受固定电价和电量计划等原因影响不采用总量法分配用能权指标。

在分配既有产能指标时，福建省对于产品单一、单位产品能源消费量横向可比的行业，优先使用行业基准法分配用能权指标；对于产品和生产工艺流程较为复杂的行业，基于企业历史能源消费总量分配其用能权指标。

截至履约年，用能单位投产满一年的产能为既有产能。对产品相对单一行业和高耗能行业的既有产能，采用基于履约年度产量的基准法或基于历史年度产量的基准法分配指标，对其他行业的既有产能采用历史总量法或历史强度法分配指标，计算方法见表 3-3。

表 3-3 福建用能权市场既有产能指标分配计算方法

序号	指标分配方法	计算方法
1	基于履约年度产量的基准法	既有产能指标量 = 行业单位产品能源消费量基准值 × 履约年度产品产量
2	基于历史年度产量的基准法	既有产能指标量 = 行业单位产品能源消费量基准值 × 历史产量 × 产量控制系数
3	历史总量法	既有产能指标量 = 历史能源消费量 × 总量控制系数
4	历史强度法	既有产能指标量 = 历史能源消费强度 × 履约年度产品产量 × 强度控制系数

对于新增产能，在采用历史法与基准法的基础上，综合考虑固定资产投资项目节能审查意见中的设计产能以及行业实际平均产能利用率分配其用能权指标。截至履约年，用能单位投产不满一年的产能为新增产能。对产品相对单一行业、高耗能行业的新增产能采用基于履约年度产量的基准法或基于设计产能的基准法分配指标，对其他行业的新增产能采用基于节能评估的总量法和基于节能评估的强度法分配指标，计算方法见表 3-4。

表 3-4 福建用能权市场新增产能指标分配计算方法

序号	指标分配方法	计算方法
1	基于履约年度产量的基准法	新增产能指标量 = 行业单位产品能源消费量基准值 × 履约年度产品产量
2	基于设计产能的基准法	新增产能指标量 = 行业单位产品能源消费基准值 × 设计产能 × 生产负荷调整系数
3	基于节能审查的总量法	新增产能指标量 = 固定资产投资项目节能审查意见确定的年综合能源消费量 × 生产负荷调整系数
4	基于节能审查的强度法	新增产能指标量 = 固定资产投资项目节能审查意见确定的年综合能源消费量 / 设计产能 × 履约年度产品产量 × 强度控制系数
5	实际总量法	新增产能指标量 = 履约年度经确认的能源消费量 × 总量控制系数

（五）监测、报告及核查（MRV）

根据《福建省用能权有偿使用和交易试点实施方案》及《福建省用能权交易能源消费量审核机构管理办法（试行）》，福建省工信厅负责用能单位能源消费量报告的监督管理工作，对第三方审核机构进行公开遴选。福建省节能监察中心是用能权交易市场建设的技术支撑单位，负责能源消费量数据报送、系统的建设和运行维护、用能单位数据采集与分析，并承担第三方审核机构管理的日常工作。

按照要求，用能单位需要报告的能源品种及核算边界，应当以用能单位对应行业的企业综合能源消费量核算与报告指南要求为准，对能源消费量数据进行计量、核算和报告。首先，需制定能源消费量计量监测方案。报送设区市质监部门审核后报设区市工信部门备案，并由设区市工信部门转报福建省节能监察中心存档备查；同时，按照制定的计量监测方案，指定专人负责做好能源消费量计量器具配备校准维护、监测设备正常运行、数据记录等工作。其次，依据企业综合能源消费量核算与报告指南的要求，撰写报告。最后，用能单位的能源消费量报告均应经由第三方审核机构进行审核，第三方审核机构应依据企业综合能源消费量核算与报告指南以及《福建省用能权交易能源消费量审核指南》开展审核工作，并参考能耗在线监测数据进行数据验证。

用能单位应于每月 15 日前报告上月能源消费量数据，并于每年 2 月最后一个工作日前通过福建省用能权交易信息管理与报告在线平台完成上一年度能源消费量报告的编制工作，经设区市工信部门审核，提交给福建省节能监察中心汇总后，报福建省工信厅。用能单位应当于每年 4 月最后一个工作日前通过福建省用能权交易信息管理与报告在线平台将经过第三方审核的能源消费量报告提交至福建省节能监察中心，福建省节能监察中心汇总后，报福建省工信厅。

用能单位注销、停止生产经营或者迁出福建省行政区域的，应当在完成关停或者迁出手续前 3 个月内向福建省节能监察中心提交所属年度运营期内的能源消费量报告和审核报告，由其转报福建省工信厅。

管理办法同时对第三方审核机构的确定要求、审核人员要求、审核程序行为规范等分别进行了规定，并详细规定了第三方机构的监管措施。

根据《福建省用能权交易市场信用评价实施细则》，福建省工信厅建立第三方审核机构的相关行为信用档案，对被评定为失信的第三方审核机构，福建省工信厅会同有关部门给予失信惩戒，并与省公共信用信息平台实现互联互通。

（六）交易程序

福建省用能权交易程序包括 5 个主要环节：

（1）开立交易账户。交易参与方向交易机构提交营业执照等开户材料，并签订开户协议，开立用能权交易账户。

（2）开立结算银行账户。交易参与方在结算银行开立结算账户，并绑定结算账户与用能权交易账户的资金划转关系。

（3）资金划转。交易参与方通过银行或交易机构发起资金划转操作，将资金从银行结算账户转入交易机构用能权交易账户。

（4）指标交易。交易参与方通过交易机构用能权交易系统买入（卖出）用能权指标。

（5）结算（清算交收）。当日交易时间结束后，福建交易市场登记结算中心根据当日的交易情况办理交易参与方的资金结算，完成与交易有关的款项收付；省节能监察中心根据当日的交易情况在注册登记系统中变更用能权指标权属。

（七）交易平台

海峡股权交易中心（以下简称海交中心）作为福建省用能权交易的主要交易平台，负责建设用能权指标交易系统，提供交易账户管理、用能权指标划转等交易服务，组织具体的交易工作，并与用能权指标注册登记系统实现数据链接。

海交中心同时负责对用能权指标申购单位进行资格审核，对有申购意向的用能单位进行资格审核，对符合资格要求的，受理其意向申购申请；不符合资格要求的，驳回其申请，不接受其交易保证金。为维护用能权交易市场秩序，规范用能权交易市场行为，海交中心于 2018 年 2 月 14 日发布了《福建省用能权交易规则（试行）》。

（八）履约机制

福建省实行年度用能权指标清缴，用能单位在规定期限内向主管部门足额提交用能权指标，完成清缴义务。

按照《福建省 2018 年度用能权指标分配方案》（闽工信环资〔2018〕28 号文）要求，2018 年被纳入的 95 家用能单位中，水泥制造行业的用能单位通过指标实盘交易完成履约，水泥制造行业以外其他 8 大行业的用能单位通过指标模拟交易完成履约。纳入试点的各用能单位应在 2019 年 6 月 30 日前完成 2018 年度的指标清缴义务。

根据 2019 年 11 月 7 日福建省工业和信息化厅印发的《福建省 2019 年度用能权指标分配方案》（闽工信环资〔2019〕166 号文）要求，2019 年纳入指标管理的 100 家用能单位中，水泥制造、火力发电、炼钢行业的用能单位通过指标实盘交易完成履约，纳入试点的其他行业用能单位通过指标模拟交易完成履约，纳入试点的各用能单位应在 2020 年 6 月 30 日前完成 2019 年度的指标清缴义务。

可见，福建省 2019 年度履约工作已在水泥制造行业的基础上，根据试点工作取得的经验和实际情况进一步扩大了实盘交易行业的范围。

（九）市场运行及交易现状

1. MRV 进展

福建省于 2017 年开展了火力发电行业和水泥制造行业历史年份（2014—2016 年）数据的核查，在 2018 年开展了水泥制造行业 2017 年度数据的核查，以及炼钢、原油加工、合成氨、玻璃、铁合金、电解铝及铜冶炼行业历史年份（2015—2017 年）数据的核查。

2. 履约情况

2019 年 7 月，根据福建省工业和信息化厅发布的《关于 2018 年度用能权交易试点企业指标清缴情况的公告》，基于福建省 2018 年度相关行业用能权交易第三方核查结果，32 家实盘交易试点企业应清缴用能权指标总量 6 194 277 t 标准煤，63 家模拟交易试点企业应清缴用能权指标总量 42 778 841 t 标准煤，上述企业已全部完成 2018 年度用能权交易指标清缴义务，履约率达到了 100%。

3. 交易现状

据调研，福建省 2018 年 12 月 19 日当天完成 10 笔交易，共成交 36 万 t 用能权指标配额，成交金额 725 万元。其中水泥行业实盘交易 6 万 t 用能权指标配额，成交金额 120 万元。截至 2019 年 6 月 30 日，纳入用能权交易试点的首批 95 家企业全部完成指标清缴，福建省实盘交易共成交用能权指标 32.23 万 t 标准煤，总金额 645.38 万元，平均成交价格 20.03 元 /t 标准煤；模拟交易市场共成交用能权指标 280.24 万 t 标准煤，总金额 7 482.79 万元，平均成交价格 26.64 元 /t 标准煤。

4. 市场分析

通过调研分析可知，福建省用能权交易市场建设工作中进展最快，成为全国首个完成用能权交易试点企业年度指标清缴的省份，2018 年度的指标清缴工作已在 2019 年 6 月 30 日前完成。

从福建省用能权市场机制设计及交易进展来看，该省用能权试点工作具有以下几个特征。

（1）用能权试点范围较广。福建省用能权市场覆盖范围广。涵盖水泥制造、火力发电、炼钢、原油加工、合成氨、玻璃、铁合金冶炼、电解铝、铜冶炼等共计 9 大行业。

（2）配套政策支持较全面。福建省在启动用能权交易前发布了多项政策文件，顶层设计较全面，对用能权交易的主体、指标总量设定、分配方法、市场调节机制、第三方审核等方面均作出规定，并出台了 9 大行业综合能源消费量核算与报告指南等技术细则，配套政策较齐全。

（3）指标分配方案多元化。福建省 2018 年、2019 年用能权指标总量设置以推动实现“十三五”能源消费总量和强度“双控”目标为任务，以历史年度各纳入行业能源消费总量在全省能源消费总量的占比为基础，并综合考虑了行业生产特性、淘汰落后产能、行业转型升级、新建项目等因素。指标总量由既有产能指标、政府预留指标两部分组成。政府预留指标用于市场调节和新增产能指标发放等，占履约年度用能权指标总量的 10%。用能单位指标分配根据不同行业数据可得性，采用不同方法，方法设置较多元，具体见表 3-5。

表 3-5 福建省用能权市场各行业指标分配方法

行业	指标分配方法	计算公式
水泥制造行业	基于历史年度产品产量的基准值法	用能单位指标量 = 行业单位产品能源消费量基准值 × 历史产量 × 产量控制系数
火力发电行业	履约年度产量的基准法	用能单位指标量 = 行业单位产品能源消费量基准值 × 履约年度产品产量
其他行业	历史总量法	用能单位指标量 = 历史能源消费量 × 总量控制系数

不同行业指标发放情况也各有不同。根据《福建省 2018 年度用能权指标分配方案》，2018 年火力发电行业指标采用 2017 年的产量进行计算，并发放计算结果的 70% 作为预分配指标，在完成单位 2018 年度综合能源消费情况数据审核后，采用 2018 年的产量核定最终指标量，并与用能单位预分配指标进行比较，多退少补。其他行业的既有产能，依据对应行业指标分配方法的计算结果一次性发放当年指标，新增产能的指标在完成 2018 年度综合能源消费情况数据审核后一次性发放。

（十）建立了市场调节机制

福建省为了维护用能权交易市场秩序，防范市场风险，平衡供需关系，发布《福建省用能权交易市场调节实施细则》，规定用能权交易市场出现用能权指标的日加权平均价格连续 10 个交易日内累计涨幅或跌幅达到一定比例，或市场供求关系严重失衡，流动性、连续性不足，或者出现影响市场健康运行的其他情况时政府可进行市场调节。

（十一）试点问题及难点

用能权交易对不同规模用能企业的实际影响如何，调研中发现，经过近 3 年的实践，福建省在开展用能权交易试点工作中主要存在以下几个方面的问题：

（1）指标初始分配方法不尽合理。用能权交易的前提是以公平为原则制定用能权指标，而初始指标是用能权交易体系中的关键环节。福建省出台的《福建省用能权指标总量设定和分配办法（试行）》中规定，对于既有产能，依据用能企业历史能源消费量数据，采用基准法或历史法核定其用能权指标；对于新增产能，产品单一或高耗能行业采用基准法，其他行业依据固定资产投资项目节能审查意见核定用能权指标。故而，依据用能企业历史能源消费量数据来开展指标分配的方式存在不尽合理的情况，会导致先进企业因历史能源消费量小而分到更少的用能权指标，可能出现“鞭打快牛”的现象。

（2）用能权与碳排放权存在交叉重叠。福建省是同时开展碳排放权交易和用能权交易的省份，虽然两个交易的政策背景和调整目标不同，但鉴于燃料消耗量和碳排放量之间具有相互换算的关系，其覆盖范围重叠、数据基础同源。2016 年福建省已将电力、钢铁等 9 大行业的 277 家企业纳入碳排放交易管理。从福建省公布的 2018 年用能单位名单和碳市场控排企业名单对比来看，纳入用能权市场的 95 家企业中，除 15 家铁合金冶炼企业不在碳市场纳管行业范围内，其余 80 家企业均在碳市场控排企业名录内。截至 2019 年年末，省内电力、钢铁、有色、石化等多个行业的企业同时纳入了两个试点交易。

通过分析可见，两种交易制度在运行中存在较大的交叉和重叠。虽然主管部门希望尽可能减轻企业负担，降低制度成本，如 2018 年福建省火力发电行业能源消费情况第三方核查数据全面采用碳核查数据，但是对两个制度规制对象如何区分及对同一交易主体如何并行或衔接仍存在很大的难度。首先是交易主管部门不同，当前福建省内碳排放交易和用能权交易主要负责部门分属福建省生态环境厅与福建省工信厅，两个主管部门之间资源并未共享，缺乏系统性统筹协调。其次核算边界范围、计算口径不同，导致用能主体不同，数据来源不一致，增加衔接的难度。而同一交易主体却要重复编制内容相似的报告，且不同的交易机构和交易系统无疑增加了政府行政成本和企业负担，造成公共资源的浪费。

（3）用能权市场信息透明度待加强。目前福建省已完成 2018 年度用能权指标清缴工作，但在用能权交易场所海交中心的官方网站并无查询到任何用能权相关交易成果信息。用能权指标的价格、交易数量等情况均未公示，市场透明度仍有待加强。

（4）用能权市场活跃度仍显不足。经过近 3 年的交易实践，福建省用能权有偿使用和交易市场逐步扩大用能单位数量，但 2019 年也只纳入 100 家用能单位，因参与主体有限，市场仍处于较不活跃的状态。

总体来说，福建省在 2015 年开展过节能量交易的尝试，发布了多项政策文件规范节能量交易活动；在 2016 年年底，福建省又启动了碳排放权交易市场试点，目前已经完成 2017 年、2018 年履约；作为最早启动的用能权交易试点，用能权市场将在 2020 年开启试点效果评估，视情况推广。在确保历史用能数据准确的前提下，福建省应科学设定用能权指标，对不同行业、企业实行差别化管理，对多行业进行监管，倒逼企业进行节能管理，从而实现控制能源消费总量的目的。虽然实践过程存在问题与不足，福建省的用能权交易试点经验仍十分具有借鉴意义。

二、浙江省用能权市场运行

（一）用能权试点概况

浙江省是我国最早开展用能权交易试点的地区。在能源消费总量控制制度的前提下，浙江省政府成立了试点工作领导小组，建立了由省发展改革委（省能源局）牵头的省用能权有偿使用和交易试点工作协调推进机制。先行先试，以较低成本实现能耗总量和能耗强度“双控”目标，打造具有浙江特色的用能权有偿使用和交易市场，建立用能权有偿使用和交易制度。

2013 年，浙江省海宁市开展了全国第一个用能权交易试点工作，将全市年综合能耗在 3 000 t 标准煤以上的企业及列入交易范围企业所有新增用能项目和其他新增年耗能 1 000 t 标准煤（含）以上项目纳入用能权交易范畴。2014 年 3 月，浙江省为推进用能权市场建设，在平湖市设立了公共资源交易中心，出台了《平湖市用能总量指标有偿使用和交易操作办法（试行）》，推动用能权交易。对存量用能指标实行核定指标、对新增用能实行有偿使用、对超额用能实行差别收费、对减少用能实行合理补偿。

2015 年，浙江省推动 25 个地区开展用能权有偿使用和交易试点，建立存量用能分类核定、用能有偿申购、节约用能上市交易等制度。同年，温州市启动用能权交易市场，年综合耗能 1 000 t 标准煤（当量值）以上的工业企业，及列入交易范围企业所有新增用能项目和其他新增年耗能 1000 t 标准煤（含）以上项目纳入交易范畴。采用存量用能指标根据单耗水平差别化核定；新增能耗需有偿申购办法，实施差别化收费。对单位能耗低于本市“十二五”末工业增加值能耗水平的单位，免收新增用能指标申购费；当年度用能总量指标超过配额时，超额用能部分根据效益考核评价执行差别化收费。

2018 年 12 月 26 日，浙江省正式启动全省用能权有偿使用和交易市场，宣布将分三阶段进行市场建设，第一阶段（2018 年 12 月—2019 年 6 月）以增量交易为主；第二阶段（2019 年 7 月—2020 年 6 月）进一步拓展交易范围，实现存量交易与增量交易并存；第三阶段（2020 年 7 月—2020 年年底）将设立租赁市场，充分发挥市场在资源配置中的作用。

2020 年 1 月 20 日，浙江省提出到 2020 年年底符合条件的省级以上平台（包括高新技术产业开发区、工业园区、开发区、产业集聚区、特色小镇）实现区域能评全覆盖，推动“十三五”能源“双控”和煤炭消费总量控制目标。同时提出完成印发《浙江省用能权交易资金管理办法》《企业用能权确权核算通则》等制度文件；完善交易系统，积极构建“统一标准，网上交易，实时监管，在线清算”的交易模式，实现全流程在线注册、在线审核、在线交易、在线监测和在线清缴；扩大交易范围，实施存量交易，开展纺织、钢铁、水泥等行业确权工作，完成租赁交易等年度任务。

（二）制度建设和系统支撑

1. 制度建设

2018 年 8 月 17 日，在前期工作基础上，浙江省政府办公厅印发了《浙江省用能权有偿使用和交易试点工作实施方案》，明确了用能权交易的交易主体、确权方法、交易管理、重点任务等内容。2018 年，浙江省还同时出台了一系列制度标准，包括《浙江省非金属矿物制品业用能权确权技术规范》《浙江省电力热力生产和供应业用能权确权技术规范》《浙江省化学原料和化学制品制造业用能权确权技术规范》《浙江省纺织业用能权确权技术规范》《浙江省有色金属冶炼和压延加工业用能权确权技术规范》《浙江省黑色金属冶炼和压延加工业用能权确权技术规范》等技术文件。2019 年 8 月 12 日，浙江省发展改革委公布了《浙江省用能权有偿使用和交易管理暂行办法》和《浙江省用能权有偿使用和交易第三方审核机构管理暂行办法》。浙江省用能权交易市场相关政策制度文件的发布时间及主要内容详见表 3-6。

表 3-6 浙江省用能权交易市场法规体系

法规类型	发布时间	法规名称	主要内容及意义
管理办法	2019 年 8 月 12 日	《浙江省用能权有偿使用和交易管理暂行办法》（浙发改能源〔2019〕358 号）	规范浙江省用能权有偿使用和交易行为
	2019 年 8 月 12 日	《浙江省用能权有偿使用和交易第三方审核机构管理暂行办法》（浙发改能源〔2019〕359 号）	促进浙江省用能权交易机制的建立，规范能源消费量第三方审核机构的审核流程和管理
	2018 年 12 月 24 日	《浙江省用能权有偿使用和交易确权办法（试行）（征求意见稿）》	

法规类型	发布时间	法规名称	主要内容及意义
实施方案	2018年8月17日	《浙江省用能权有偿使用和交易试点工作实施方案》（浙政办发〔2018〕84号）	明确了用能权交易的交易主体、确权方法、交易管理、重点任务等内容，对浙江省用能权有偿使用和交易试点工作作出总体安排
技术规范	2018年	《浙江省非金属矿物制品业用能权确权技术规范》	建立浙江省用能权交易的核算标准、指南，并根据此技术规范开展用能权审核活动
		《浙江省电力热力生产和供应业用能权确权技术规范》	
		《浙江省化学原料和化学制品制造业用能权确权技术规范》	
		《浙江省纺织业用能权确权技术规范》	
		《浙江省有色金属冶炼和压延加工业用能权确权技术规范》	
		《浙江省黑色金属冶炼和压延加工业用能权确权技术规范》	

2. 系统支撑

按照“统一标准，网上交易，实时监管，在线清算”的原则，浙江省建立了支撑用能权有偿使用和交易的“一平台、三系统”。“一平台”是以全省公共资源交易平台为基础，建立全省统一的浙江省用能权交易平台；“三系统”为与银行相衔接的注册登记、账户管理和资金清算系统，与县级以上能源监察（监测）机构相衔接的，以能耗在线监测系统为支撑的交易双方实时监测系统，与统计部门相衔接的指标划转系统，实现了全流程在线注册、在线审核、在线交易、在线监测和在线清算。自用能权交易正式启动以来，用能权交易系统已实施多轮修改迭代。形成实时交易、注册登记和账户管理等功能逐步完善，资金清算系统正在开发，实现了与能耗在线监测系统的技术对接。

（三）市场机制设计

1. 覆盖范围

浙江省以增量交易作为突破口，启动用能权交易。《浙江省用能权有偿使用和交易试点工作实施方案》规定，单位工业增加值能耗高于省“十三五”控制目标（0.6 t标准煤 / 万元）的新增用能量、区域年新增用能指标以及规模以上企业通过淘汰落后产能和压减过剩产能腾出的用能空间，包括将用能存量和规模以下企业淘汰落后产能、压减过剩产能腾出的用能空间，全部纳入交易范围。

2. 交易主体和交易产品

浙江省用能权交易主体暂定为市、县级人民政府和有关企业。市场初期阶段将以企业与政府交易为主，待市场成熟后交易主体为企业与企业、企业与政府之间交易。市场明确了购买方为能耗高的新增用能项目。

根据《浙江省用能权有偿使用和交易管理暂行办法》，用能权有偿使用和交易包括增量交易、存量交易和租赁交易。初始阶段以增量交易为主，申购方为 2019 年 1 月 1 日后，单位工业增加值能耗高于全省“十三五”控制目标（0.6 t 标准煤 / 万元）且未纳入高耗能的行业，以及缓批限批范围的新建、改建、扩建用能的项目。出让方为 2018 年 8 月 21 日后规模以上企业通过淘汰落后产能、压减过剩产能腾出的用能空间和企业通过节能技术改造等方式产生的节能量。行政区域内不低于 20% 且不超过 50% 的当年新增用能指标。

3. 用能权确权与指标的获取

《浙江省用能权有偿使用和交易试点工作实施方案》明确了单位工业增加值能耗高于 0.6 t 标准煤 / 万元的新增用能量均需通过用能权交易有偿获得用能权指标，不涉及用能权指标的免费分配。

用能权指标主要来源于 3 个方面：不超过 50% 区域年新增用能指标；规模以上企业通过淘汰落后产能和压减过剩产能腾出的用能空间；企业通过节能技术改造等方式产生的节能量。

浙江的指标获取方法是根据全省当前的经济发展和能源工作要求，通过保障新兴产业合理用能、数字经济发展用能、四大建设用能及居民合理用能，进一步优化配置增量用能，以用能结构优化倒逼高质量发展。

（四）交易价格

交易价格通过竞价、招拍挂等方式确定。初始阶段，采取定额出让、差别化定价方式，由节能主管部门协商，物价主管部门确定交易价格，基准价为 400 元 /t 标准煤。用能单位申购用能权指标的价格根据式（3-1）确定。

$$\text{申购价格} = 400 \times A \times \frac{B}{0.6} \tag{3-1}$$

式中：A 为价格调整系数（$0.5 \leqslant A \leqslant 2.5$）；$B$ 为新增用能项目单位工业增加值能耗（t 标准煤 / 万元）。

初始阶段，县级以上人民政府可根据经济社会发展状况、能源“双控”形势、单位工业增加值能耗大小、能源效率水平及能耗指标稀缺程度等，参照申购价格公式，确定交易价格。市场成熟后，通过竞价、招拍挂等方式确定价格。

（五）监测报告核证（MRV）体系

按照《浙江省用能权有偿使用和交易第三方审核机构管理暂行办法》，浙江省对用能权有偿使用和交易第三方审核机构的征选条件、审核人员要求、审核程序行为规范等分别进行了规定，并详细规定了第三方机构的监管措施。县级以上人民政府节能主管部门依照《浙江省节能失信行为认定和记录办法》等有关规定，将第三方审核机构的审核行为纳入信用管理，实施信用惩戒。目前，已分两批共征选了15家用能权有偿使用和交易第三方审核机构，为用能权确权、核查等工作做好技术储备和支撑服务。

（六）交易程序

浙江省创新了用能权交易的程序，交易前确权、交易后监管。交易程序分7步实施。浙江省用能权交易流程如图3-2所示。

买卖双分提出申请，需求录入。用能单位在线提出用能权申购、出让需求。

申请材料审核。申购方应当提交用能单位的基本信息表、新增用能项目申购登记表等材料。出让方应当提交用能单位的基本信息表等材料。县级以上人民政府节能主管部门对申请材料的规范性、真实性、完整性进行审核。

委托第三方机构确权审核。出让的用能权指标需经第三方审核机构审核的，应当由县级以上人民政府节能主管部门委托第三方审核机构审核。

发布公告。县级以上人民政府节能主管部门应当在受理申请后发布申购和出让公告，并同步推送至浙江省公共资源交易服务平台。

预交易。公告发布后，交易双方实施预交易。

合同签订。用能单位申购用能权指标的，应当在申购方取得节能审查意见后20个工作日内完成合同签订；向政府出让用能权指标的，应当在实施交易的当日签订合同。

交易履约。申购方应当在合同签订后3个工作日内完成费用支付。交易款项支付后，出让方所在地人民政府节能主管部门应当会同统计部门负责划转用能指标，并接入重点用能单位能耗在线监测系统。

（七）交易及保障平台

浙江用能权交易的平台。作为全身企业在申购和出让用能权项目的平台，企业必须在平台上在线开户，完成注册登记工作，才能够开展交易。

按浙江省相关政策要求，县级以上公共资源交易机构负责用能权交易的信息发布、合同存档、数据统计等具体实施和服务保障工作。县级以上能源监察（监测）

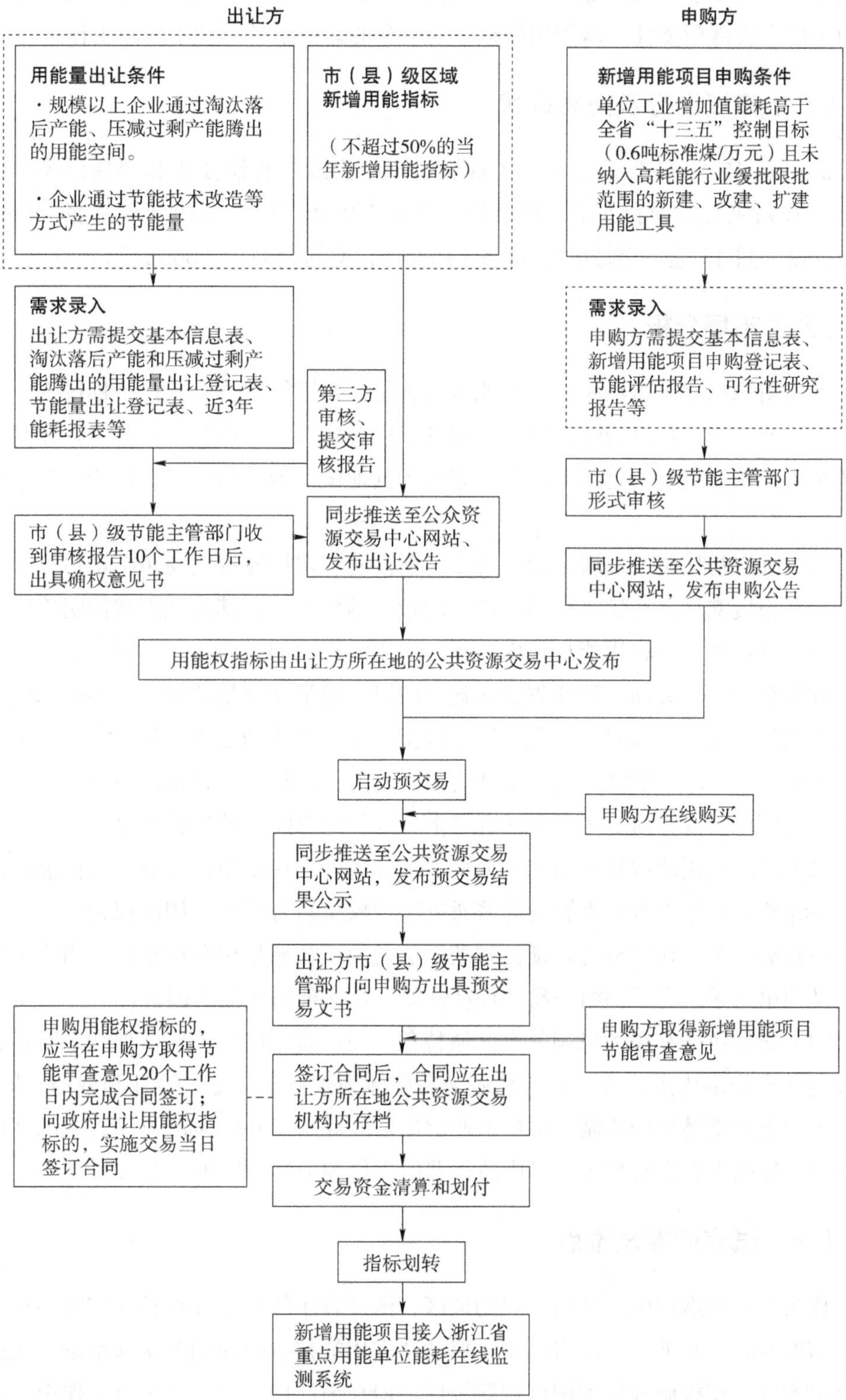

图 3-2　浙江省用能权交易流程

机构负责实施用能单位用能情况的实时监测工作。浙江省经济信息中心受省级人民政府节能主管部门委托，承担用能权交易平台的运行维护和技术保障工作。

（八）市场运行及交易现状

2018 年 12 月 26 日，浙江省正式启动全省用能权有偿使用和交易市场。启动当日，共完成交易项目 5 个，涉及资金 3 037 万元。截至 2019 年 8 月底，全省已完成交易项目 18 笔，交易量约 40 万 t 标准煤，交易金额达 7 000 余万元。

（九）市场分析

浙江用能权交易市场相比较其他试点省份，是用能权交易试点中推进力度较大的一家，浙江省结合自身经济社会发展现状以及能源“双控”工作要求，在制度上有所突破，机制上有所创新，探索了有别于其他试点地区的模式和做法。主要特点如下。

（1）试点初始阶段以增量交易为主。浙江省规定用能权交易包括增量交易、存量交易和租赁交易，在试点初始阶段以增量交易为主，而其他试点省份明确的纳入范围多以行业划分，将用能行业内达到一定用能规模的企业纳入交易范围，包括增量和存量企业。一方面，浙江省探索建立的以增量带动存量的模式，明确了购买方为能耗高的新增用能项目，有利于用能权交易试点工作的推进；另一方面，要求申购方为单位工业增加值能耗高于浙江省“十三五”时期控制目标的新增用能量，也体现了发挥用能权交易对实现浙江省“十三五”时期控制目标的作用。

（2）未涉及用能权指标的初始分配。浙江省明确规定单位工业增加值能耗高于 0.6 t 标准煤 / 万元的新增用能量均需通过用能权交易有偿获得用能权指标，不涉及用能权指标的免费初始分配。浙江省的做法避免了初始指标分配松紧不当产生的问题，从简单入手，利于初始交易的顺利开展，是一种制度上的创新。

（3）交易主体和履约机制具有区域特色。浙江省用能权交易市场初期阶段将以企业与政府交易为主，待市场成熟后交易主体为企业与企业、企业与政府。同时，浙江省规定的交易履约机制是单位工业增加值能耗高于 0.6 t 标准煤 / 万元的新增用能企业，原则上在交易后 1 个月内履行费用支付和指标划转等义务。

（十）试点问题及难点

作为最早开展用能权交易实践的地区，浙江省用能权市场在长期实践中积累了较丰富的经验。目前，浙江省已正式启动全省用能权有偿使用和交易市场，通过前期交易实践，积极研究探索制度创新设计。但在浙江用能权交易试点工作中面临着以下几个方面的问题。

（1）交易步骤较烦琐。从浙江省发布的交易流程来看，用能权申购和出让的步骤较多，交易时间较长。申购方需提交用能单位的基本信息表、新增用能项目申购登记表、节能评估报告、可行性研究报告等进行用能权指标申购；出让方需提交用能单位的基本信息表、淘汰落后产能和压减过剩产能腾出的用能量出让登记表、企业通过节能技术改造等方式产生的节能量出让登记表、近 3 年上报统计局能耗报表、淘汰落后产能验收意见表等进行指标出让。主管部门对申请材料进行审核确权后，发布申购和出让公告。公告发布后用能单位开展预交易。达成交易意向后，要通过出让方所在地主管部门的逐级审核后，才能向交易双方出具预交易确认书。签订合同之前还要进行不少于 5 个工作日的公示。可见，上述交易流程较烦琐，且每一步骤耗时均较长。而烦琐的交易步骤不仅会增加交易双方的交易成本，降低交易的效率，也会很大程度影响用能权交易市场的活跃度。

（2）交易价格调整空间过大。浙江市场在试点初始阶段，交易价格在基准价 400 元 /t 标准煤的基础上采取定额出让、差别化定价方式确定。根据交易价格确定公式可以看到，价格调整系数（$0.5 \leqslant A \leqslant 2.5$）由县级以上人民政府节能主管部门根据经济社会发展状况、能源“双控”形势、单位工业增加值能耗大小、能源效率水平及能源稀缺程度等设置。一方面，价格调整系数的设置可反映各地区节能难易程度不同而导致节能成本的不同；另一方面，调整系数取值区间过大，使得最高价和最低价间有 5 倍之差，过大的价差将影响用能权交易的公允性，同时也可能成为用能权省内流转的障碍。

（3）市场属性仍待强化。浙江省的用能权交易市场充分强调了用能权的有偿使用特性，但交易的市场属性尚待加强。主要从以下 3 方面体现：一是用能权的交易主体为县级以上人民政府和相关用能单位，未纳入自愿参与交易的单位和个人，且交易均要在政府的参与下进行，缺乏投资机构的参与将使得市场的价格发现能力不足；二是用能权交易的价格受价格调整系数和新增用能项目单位工业增加值能耗的影响，意味着同一试点范围内不同地区、不同项目的价格都不一样，无法形成一个统一价格的交易市场；三是无论节能量指标的卖出还是买入，企业的交易对象均为政府，政府处于整个交易行为的核心，如何避免权利寻租行为，将考验政府管理水平。

总体而言，自浙江省用能权交易市场启动以来，浙江省一直研究完善制度规程、扩大试点范围，并积极探索与吉林省、贵州省的用能指标跨省合作。建议逐步克服难点，解决上述问题，尽快对已有高耗能单位进行纳管控制，开展存量交易和租赁交易机制。同时及时评估试点效果，总结有效做法和成功经验，打造用能权交易的“浙江样本”，为国家用能权有偿使用和交易提供可复制、可推广的经验做法。

三、四川省用能权市场运行

（一）试点概况

2017 年 1 月，四川省发展和改革委员会印发《四川省用能权有偿使用和交易制度试点工作推进方案》的通知，提出四川省用能权交易试点的工作目标、工作安排及工作要求，明确了各相关部门和单位的责任分工；并成立了省用能权交易专家指导委员会，邀请国家层面及省内相关领域资深研究人员担任专家，进一步增强试点工作的科学性。

2017 年 2 月，四川省人民政府办公厅印发《关于成立四川省用能权有偿使用和交易试点工作领导小组》的通知，成立了由常务副省长任组长，省政府分管副秘书长、省发展改革委主任任副组长，10 多个省直部门和单位负责人为成员的四川省用能权有偿使用和交易试点工作领导小组，并在省发展改革委设立领导小组办公室，统筹推进试点工作。

2018 年 2 月，根据国家发展改革委的试点工作要求，四川省用能权有偿使用和交易试点工作领导小组办公室印发《四川省用能权有偿使用和交易试点实施方案》的通知，明确了用能权交易的市场主体、确权方法、交易管理等内容，经省政府审定、国家发展改革委复函同意后，以省用能权试点工作领导小组文件印发。

2018 年 11 月，四川省发展和改革委员会印发《四川省用能权有偿使用和交易管理暂行办法》，从用能权的分配、核定、交易、监督管理、法律责任等方面，提出了规范措施，经市政府审定同意后已印发实施。

2019 年 3 月 28 日，四川省公布了第一批 110 家纳入用能权交易的重点用能单位名单，研究制定了《四川省用能权有偿使用和交易第三方审核指南（试行）》以及《钢铁、水泥、造纸三个行业企业综合能源消费量核算方法和报告指南（试行）》，交易系统和注册登记系统建设完成，首批纳入交易的重点用能单位已开展注册登记及交易系统开户。四川省于 2019 年 9 月 26 日正式启动用能权交易市场，成为继福建及浙江之后，第 3 个启动用能权交易市场的试点省份。

2020 年 2 月 25 日，四川省发展与改革委员会进行第二批 74 家拟纳入企业名单的公示，提出钢铁、水泥、造纸 3 个行业的重点用能单位补充名单的同时，将白酒、建筑陶瓷、化工（仅合成氨）3 个行业中符合条件的重点用能单位新增名单。其中，白酒、建筑陶瓷、合成氨 3 个新增行业 60 家重点用能单位，首批钢铁、水泥、造纸 3 个行业的补充重点用能单位 13 家。3 月 10 日，四川发展改革委公布了第二批纳入企业名单，实际纳入 76 家，白酒、建筑陶瓷、合成氨 3 个新增行业

62 家重点用能单位，首批钢铁、水泥、造纸 3 个行业的补充重点用能单位 14 家。

（二）制度建设和系统支撑

1. 制度建设

2018 年 2 月，四川省用能权有偿使用和交易试点工作领导小组办公室印发《四川省用能权有偿使用和交易试点实施方案》（川用能权办函〔2018〕1 号），明确了用能权交易的市场主体、确权方法、交易管理等内容。2018 年 11 月，四川省发展和改革委员会印发《四川省用能权有偿使用和交易管理暂行办法》（川发改环资规〔2018〕527 号），从用能权的分配、核定、交易、监督管理、法律责任等方面，提出了规范措施。同时，四川用能权交易试点指定的交易机构四川联合交易所研究制定了用能权交易规则。可见，四川省用能权交易试点已建立健全“五大管理制度”，包括初始用能权分配制度，能源消费报告、审核和核查制度，交易制度，履约制度，监督管理制度，详见表 3-7。

表 3-7　四川省用能权交易市场法规体系

法规类型	发布时间	法规名称	主要内容及意义
通知	2017 年 2 月 8 日	《四川省人民政府办公厅关于成立四川省用能权有偿使用和交易试点工作领导小组的通知》（川办函〔2017〕31 号）	确定领导小组的工作职责及人员组成，研究审议重大政策建议，协调解决试点工作中的重大问题。确定工作机构，将领导小组办公室设在省发展改革委
管理办法	2018 年 11 月 26 日	《四川省用能权有偿使用和交易管理暂行办法》（川发改环资规〔2018〕527 号）	确定了主管部门及相关职责，确定了用能权指标的分配方式，规定了重点用能单位的范围及价格的确定方式
实施方案	2017 年 1 月 16 日	《四川省用能权有偿使用和交易制度试点工作推进方案》（川发展改革委环资函〔2017〕58 号）	规定了四川省用能权有偿使用和交易试点工作的具体推进方向
实施方案	2018 年 2 月 8 日	《四川省用能权有偿使用和交易试点实施方案》（川用能权办函〔2018〕1 号）	规定了四川省用能权有偿使用和交易试点如何实施，明确了用能权交易的市场主体、确权方法、交易管理等内容
配套细则		《四川省用能权有偿使用和交易第三方审核指南（试行）》	规范合理、高效公正开展重点用能单位能源消费量核算和审核工作

2. 系统支撑

四川省用能权交易试点建成“1 库、2 平台、3 系统”。其中“1 库”为能源发展大数据分析库，“2 平台”为重点用能单位能耗在线监测平台和环境资源合同管理综合服务平台，“3 系统”是指注册登记系统、在线交易系统及重点用能单位能源消费报送系统。

重点用能单位能耗在线监测平台正在加快建设，预计 2020 年年末建成省级平台。

（三）市场机制设计

1. 覆盖范围

基于四川省经济社会发展水平和阶段、产业结构和布局、节能潜力和资源禀赋，按照有特色、易操作、可核算的原则，主管部门在试点初期确定用能权有偿使用和交易覆盖行业范围是具有区域特色、能耗较高、产能过剩以及具有较好数据基础的钢铁、水泥、造纸 3 大行业。在首批纳入的 3 大行业基础上，2020 年 2 月又新增了白酒、建筑陶瓷、化工（仅合成氨）3 个行业纳入用能权交易范围。

2. 交易主体及交易产品

根据《四川省用能权有偿使用和交易管理暂行办法》，四川省用能权交易主体暂定为全省范围内年综合能源消费量达到 1 万 t 标准煤以上（等价值、含）的企事业单位，以及符合用能权交易规则相关规定的其他用能单位。根据近 3 年（2016—2018 年）任一年度能源消费总量超过 1 万 t 标准煤为限额，确定 6 个行业纳入用能权交易的重点用能单位名单。

四川省第一批名单中，水泥企业 70 家，钢铁企业 20，造纸企业 20 家。按第二批公示名单中企业全部纳入，则水泥企业共计 73 家，钢铁企业 22 家，造纸企业 28 家。补充行业企业名单中，陶瓷企业 35 家，化工（仅合成氨）企业 11 家，白酒企业 14 家。如图 3-3 所示。

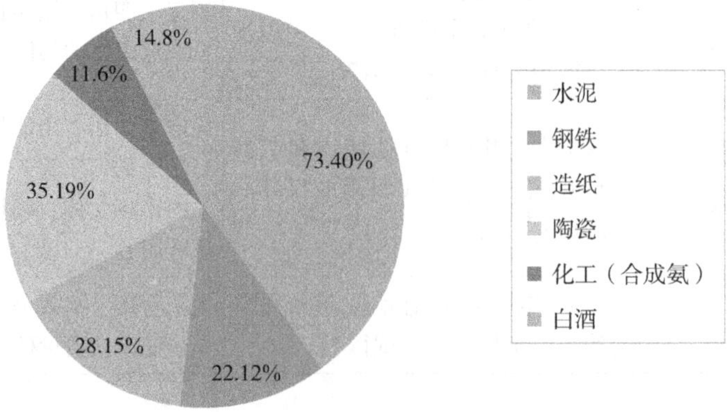

图 3-3　四川省用能权市场纳入管理用能单位

交易产品包括用能权指标、经备案的基于项目的核证节能量、经核发的水电和分布式光伏发电绿色证书。

（四）用能权确权与指标分配

根据《四川省用能权有偿使用和交易管理暂行办法》，四川省用能权指标由非清洁能源与清洁能源组成，采用基准值法和历史强度下降法。分配方式以免费分配为主，逐步引入有偿分配，有效期为 1 年。在初期试点阶段，采用基准值法和历史强度下降法用于用能权确权。以我国 106 项产品单位产品能源消耗限额标准与行业"能效领跑者"的能耗指标为基础，结合能源消费量核查结果，研究制定相关行业的单位产品能耗的基准值。根据企业每年的产品产量和单位产品能耗基准值确定企业年度用能权指标。对于产能过剩行业以及新增产能（或企业），用能权指标可以过紧，采用行业先进值法，倒逼企业节能改造，提升工艺，减少能耗。

（五）监测、报告及核查

为保证重点用能单位能源消费量核算和审核工作的开展，保障四川省用能权交易市场的数据有效性及有效运行，四川省发展改革委制定了《四川省用能权有偿使用和交易第三方审核指南（试行）》以及《钢铁、水泥、制浆造纸三个行业企业综合能源消费量核算方法和报告指南（试行）》。

（六）交易程序

四川省用能权交易主管部门每年通过注册登记系统，按照相关规则向重点用能单位发放用能权指标。重点用能单位获得用能权指标后可以通过交易系统进行交易，一年后对重点用能单位的用能权指标进行清算。重点用能单位根据政府下达的用能权指标完成目标，对于结余的用能权指标可以通过交易实现收益，对于超过用能权指标的重点用能单位必须在规定时间内通过购买用能权以完成其目标。

（七）市场运行及交易现状

1. MRV 及履约进展

四川省已结合碳排放权核查，对 110 家重点用能单位进行能源消费量核查，根据核查结果，开展 2019 年度用能权指标分配，已形成初步分配方案，于 2019 年 5 月底前完成指标分配工作。

按照四川省主管部门发布的最新消息，下一步四川省发展改革委将组织实施重点用能单位能源消费量第三方审核，分配下达用能权指标，开展履约清缴等工作。

2. 交易现状

2019 年 9 月 26 日，四川省用能权有偿使用和交易市场启动仪式在成都举行。启动仪式上，四川兰丰水泥有限公司先后与四川亚东水泥有限公司、四川环龙新材料有限公司完成了 2 笔用能权交易，成交价 215 元 /t，总成交量 1 500 t 标准煤。但是，之后四川联合环境交易所用能权历史交易行情及实时行情显示，自 9 月 27 日成交 1 500 t 后，长达 6 个月时间出现零交易状态。截至 2020 年 8 月底，累积成交量仍为 1 500 t 标准煤，成交总金额 31.9 万元，最新开盘价为 212.67 元 /t。

3. 市场分析

通过分析可知，四川省用能权交易市场建设工作前期进展较为缓慢，2020 年 3 月后，明显加快建设进程。通过已发布的相关政策及四川省用能权市场设计进展来看，该省用能权试点工作有以下几个特征。

（1）用能权试点范围较广，纳入企业数目较多。四川用能权市场的市场覆盖范围虽然没有福建省用能权市场覆盖范围广，尤其是在公布首批 3 个行业 110 家企业一年后，立即公布第二批新增 3 个行业 61 家企业名单，成为 4 个试点纳入行业较广及企业数目较多的交易试点。

（2）实行行业差异化配额分配制度。根据发布的相关文件及调研公开获取的信息可知，四川省用能权交易市场的用能权指标分配采取的是分行业差异化配额分配制度。对于产能过剩行业以及新增产能（或企业）采用行业先进值法。例如水泥行业，配额分配标准是国家发布的能耗限额标准中的行业先进值，而非行业平均值或者入门值。而对于其他部分行业，采用历史强度下降法确定行业准入值。例如钢铁和造纸行业，是根据企业上一年的单位产品的用能量进行酌情减少来确定，但遵循的原则是，配额分配必须要比实际用能量有所减少。

（3）交易信息非常透明，但用能权政务信息公开程度不够。四川省用能权市场交易信息含用能权指标的价格、交易数量等情况公开透明，能在四川联合环境交易所方便快捷地查询用能权历史交易行情及实时行情。但主管部门对市场建设过程中的制度发布的公开情况还存在不足，在公开途径开展制度查询获取的信息非常有限。

（八）试点问题及难点

通过调研四川省用能权交易市场的制度建设，在开展用能权交易试点工作中主要面临着以下几个方面的问题。

（1）市场调节制度目前还处于缺失状态。与其他试点区域相比，四川省公开的制度相对较少，在市场调节方面的制度目前并未建立，仍处于空白缺失的状态。目前四川省用能权交易市场的交易数据难以判断用能权指标的整体盈缺情况，如果政府缺乏必要的调控手段，则无法应对可能出现的极端情况。因此，管理部门应尽快启动市场调节机制研究，并出台相关制度，落实具体执行方式。主管部门可考虑建立用能权市场调节基金，基金可在价格过高或者过低时，通过政府回购部分指标或者通过拍卖等有偿分配的方式发放手头预留的指标。

（2）总量过度宽松导致市场流动性严重不足。根据调研，在四川省用能权交易市场启动初期，为保证纳入交易的企业不会有过多抵触情绪，同时防止市场上用能权指标供不应求的情况出现，严防市面上因缺乏可交易的指标而导致用能权指标不足的企业陷入困境，在用能权指标分配制度设计时，主管部门明确表示不会出现大部分企业不达标的情况。因此市场上用能权指标分配比较宽松，同时，政府还预留了一部分指标。在上述制度设计前提下，市面上的供需关系相对有限，很难形成较高的市场活跃度以及真正意义上的用能权交易市场。故建议四川省用能权交易主管部门在指标分配制度方面，根据上年度交易情况实时进行调整，同时放宽准入门槛，让更多的投资机构参与进来。

（3）市场抵消机制并未建立。对四川省企业而言，因区域能源禀赋特征，企业消耗的能源品类比较多样，除了传统的化石能源，也有清洁的、可再生能源。对可再生能源进行消纳以及鼓励使用可再生能源方面，四川省相关制度并没有规定。如何在制度设计里突出不同能源使用的差异，让使用清洁能源、煤炭消费占比不断降低的企业，获得更多的用能权指标额度，来鼓励使用清洁能源，仍有待完善。

可见，四川省的现有各项市场调节及市场抵消制度仍有待建立，其他各项制度还需逐步完善。主管部门应在市场稳定运行的前提下，找准时机建立市场调节机制及市场抵消机制，并注意总结试点建设中的工作经验，加强信息公开的渠道及力度，对重点难点问题进行针对性解决。同时，在与其他试点地区的沟通交流中，汲取已有运行交易实践的优秀试点经验，为全国范围内推广用能权交易提供区域的宝贵经验。

四、河南省用能权市场运行

（一）试点建设概况

2016 年 12 月 29 日，河南省发展改革委印发《河南省“十三五”节能低碳发展规划》，明确指出开展用能权有偿使用和交易试点。2017 年 4 月 1 日，河南省发展改革委印发《关于组织开展河南省全民节能行动的通知》，要求率先在郑州、平顶山、鹤壁、济源等省辖市及其辖区内年耗能 5 000 t 标准煤以上的重点用能单位开展用能权有偿使用和交易试点工作。同时，河南省委托相关机构开展“河南省用能权交易机制设计方案”及“河南省用能权交易试点方案”的研究工作。

为统筹推进用能权有偿使用和交易试点工作，2018 年 7 月，河南省成立用能权有偿使用和交易试点领导小组，省委常委、常务副省长任组长，9 个省直部门为成员单位，全面协调推动试点工作。同时，河南省财政厅安排节能减排专项资金支持用能权交易平台和制度体系建设。基于用能权交易平台建设的前期调研和可行性研究报告，河南省已构建完成“1+4+n”的交易制度体系。2019 年 12 月 22 日，河南省用能权有偿使用和交易市场启动仪式在郑州市举行。

（二）制度建设和系统支撑

1. 制度建设

河南省用能权有偿使用和交易试点工作已基本确立了“1+4+n”的交易体系制度模式。“1”是省政府印发的《河南省用能权有偿使用和交易试点实施方案》，明确了用能权交易的试点范围、交易品种、用能权指标等内容，提出建立用能权交易制度体系和数据报送、注册登记、交易系统平台，初步完成顶层设计和基础支撑，启动用能权交易。“4”是四项用能权基础制度，主要包括《河南省用能权有偿使用和交易管理暂行办法》《河南省重点用能单位用能权配额分配办法》《河南省能源消费报告审核和核查规范指南》《河南省用能权注册登记和交易规则》4 项制度文件。“n”是用能权试点工作重点工作。主要包括数据报送、注册登记和交易系统平台建设，以及用能权确权、配额分配等重点工作任务。 完成了项目可行性研究报告，启动系统平台建设。

2019 年，河南省完成了 4 项用能权基础制度的印发。4 项制度为《河南省用能权有偿使用和交易管理暂行办法》（豫政办〔2019〕25 号）（以下简称《暂行办法》)、《河南省重点用能单位用能权配额分配办法》（豫发改环资〔2019〕310 号）、《河南省能源消费报告审核和核查规范指南》（豫发改环资〔2019〕311 号）、《河南省用能权注册登记和交易规则》（豫公共资源〔2019〕82 号）。相关制度的发布时间及主要内容详见表 3-8。

表 3-8 河南省用能权交易市场法规体系

法规类型	发布时间	法规名称	主要内容及意义
实施方案	2018 年 7 月 18 日	《河南省用能权有偿使用和交易试点实施方案》（豫政办〔2018〕40 号）	明确了用能权交易的试点范围、交易品种、用能权指标等内容，是河南用能权交易市场的顶层设计

法规类型	发布时间	法规名称	主要内容及意义
基础制度	2019年3月23日	《河南省用能权有偿使用和交易管理暂行办法》（豫政办〔2019〕25号）	规范用能权有偿使用和交易市场的建设和运行，用能权交易的管理和监督明确了配额管理，交易标的，交易主体，报告、审核与清缴
	2019年5月22日	《河南省重点用能单位用能权配额分配办法》（豫发改环资〔2019〕310号）	为建立科学合理的用能权配额分配制度，保障用能权交易有序开展，规定了用能权配额分配、清缴及变更等相关活动规
	2019年5月22日	《河南省能源消费报告审核和核查规范指南》（豫发改环资〔2019〕311号）	规范重点用能单位能源消费报告的编制、审核和核查工作，规定了重点用能单位的能源消费报告的编制、审核和核查等工作内容
	2019年11月28日	《河南省用能权注册登记和交易规则》（豫公共资源〔2019〕82号）	维护用能权交易市场的秩序，规范市场行为，规定了交易标的、交易时间等细则

2. 系统支撑

河南省用能权交易试点依托中原股权交易中心的用能权交易系统，提供用能权账户管理、标的划转、资金结算等交易服务，并与用能权指标注册登记系统实现数据链接，建设完成全省用能权注册登记和交易平台。现已完成全省公共资源交易服务平台和公共资源交易在线监管平台的数据对接工作，并率先将用能权交易放在河南省公共资源交易中心，实现全过程电子化管理、在线监管、网上预警、全程跟踪，在线追溯交易痕迹，在线实施监督管理。

（三）市场机制设计

1. 覆盖范围

河南省试点选择郑州市、平顶山市、鹤壁市、济源市，具有一定代表性的城市开展试点工作。2018年，将4市有色、化工、钢铁、建材等重点行业年耗能5 000 t标准煤以上的用能企业纳入试点范围。随着市场逐步完善，河南省将根据试点实施效果，逐步把试点范围扩展到全省年耗能5 000 t标准煤以上的用能单位。

2. 交易主体及交易产品

河南省用能权试点的交易主体分为重点用能单位和自愿参与履约单位。重点用能单位，是指纳入省用能权交易试点范围且年综合能源消耗5 000 t标准煤以上、参与市场交易活动并完成履约义务的用能单位；自愿参与履约单位，是指符合交易规则规定的自愿纳入省用能权交易试点范围、参与市场交易活动并完成履约义务的用能单位。用能权交易的交易产品为用能权指标。

2019 年 12 月河南省发展改革委公示的信息，第一批纳入河南用能权交易试点单位共 95 家，其中，建材企业 44 家，钢铁企业 11 家，有色企业 12 家，化工企业 28 家，详见图 3-4。

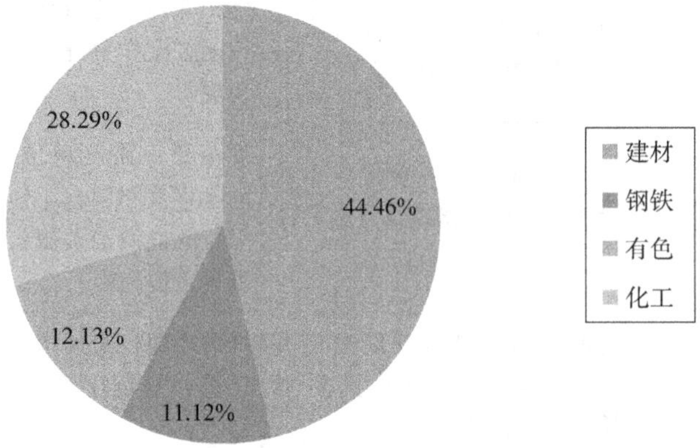

图 3-4 河南省用能权市场纳入管理用能单位

3. 用能权确权与指标分配

河南省发展改革委根据全省和试点地区经济社会发展、产业转型升级、能源消费总量和强度“双控”目标、煤炭消费减量目标等因素，确定用能权配额总量；其中配额总量由实发配额和预留配额两部分组成，实发配额是对稳定运行一年以上的重点用能单位分配的配额；预留配额是用于新增产能和市场调节的配额。试点范围扩展到全省年耗能 5 000 t 标准煤以上的用能单位。

用能权初始配额分配，试点初期以免费分配方式为主；根据用能权试点工作情况，适时引入有偿分配方式，并逐步提高有偿分配的比例。同时，以年度综合能源消费量为确权品种，以 t 标准煤为计量单位，煤炭作为主要的确权因素，严格控制煤炭消费。

用能权配额计算方法采用历史总量法和产量基准线法，对钢铁、化工等生产流程和产品较为复杂的行业，采用历史总量法：既有产能年度配额总量 = 历史能源消费总量 × 能源消费总量下降系数 × 煤炭消费总量下降系数；对建材、有色等生产流程和产品较为单一的行业，采用产量基准线法：既有产能年度配额总量 = 行业单位产品能源消费基准值 × 履约年度产品产量 × 能源消费总量下降系数 × 煤炭消费总量下降系数。

新增产能是指截至投产不满一年的产能，暂不纳入用能权交易范围。新增产能在稳定运行满一年后，按照固定资产投资项目节能审查意见和年度产品产量核算配额总量：新增产能年度配额总量 =（固定资产投资项目节能审查意见确定的年综合能源消费量 / 设计产能）× 年度产品产量。

对单位产品能耗达到国标先进值标准的企业，配额核定给予全额分配，引导重点用能单位自觉对标达标，提升能效，促进节能降耗。试行的配额分配方法中还规定，用能权年度配额分两次发放，于履约年 7 月 31 日前发放预发配额总量的 60%，次年完成能源消费量数据审核后，根据履约年度实际产量进行核定，多退少补。

（四）监测、报告及核查（MRV）

按照相关政策规定，河南省发展改革委会同有关部门制定对重点用能单位能源消费报告进行审核、核查的规范指南，确定符合条件的第三方审核机构名单。重点用能单位应当编制上一年度能源消费报告，于每年 3 月底前报所在省辖市、省直管县（市）发展改革部门。省辖市、省直管县（市）发展改革部门通过政府购买服务方式委托第三方审核机构开展重点用能单位能源消费数据审核工作，于每年 5 月底前将审核结果报河南省发展改革委。河南省发展改革委依据审核结果、重点用能单位能源消费报告、第三方审核报告和核查情况，对重点用能单位上一年度能源消费总量予以确认。

（五）交易平台

河南省公共资源交易中心是河南省发展改革委指定的用能权交易机构，负责全省用能权注册登记系统和交易系统的建设、运行、维护和管理，并制定交易机构用能权交易规则，提供用能权注册登记、转让清算等交易服务，主动接受河南省发展改革委等相关部门用能权有偿使用和交易工作的管理及监督。

（六）履约机制

在履约方面，重点用能单位应当于每年 6 月 30 日前通过用能权注册登记系统向省发展改革委提交不少于上一年度确认的综合能源消费量相对应的配额，履行上一年度配额清缴义务，河南省发展改革委审核重点用能单位履约结果后，由河南省公共资源交易中心在注册登记系统清缴上年度用能权配额。省发展改革委于每年 8 月底前对重点用能单位上一年度配额清缴情况进行公示。

在监督管理方面，重点用能单位不按规定提交年度能源消费报告、拒不配合审核和核查工作、未按时履行配额清缴义务的，由所在省辖市、省直管县（市）发展改革部门督促限期改正；逾期未改正的，由省发展改革委会同有关部门按规定进行处理。第三方审核机构及其工作人员出具虚假审核报告、未经许可泄露商业秘密的，由省发展改革委责令限期改正；情节严重或给重点用能单位造成经济损失的，依法依规追究责任。

用能权交易机构及其工作人员违规开展交易业务、泄露交易主体商业秘密的，由省发展改革委责令限期改正；情节严重或给重点用能单位造成经济损失的，依法依规追究责任。承担用能权交易监管职责的行政部门及其工作人员，不履行本办法规定职责，滥用职权、玩忽职守、利用职务便利牟取不正当利益的，依法依规追究责任。建立重点用能单位、第三方审核机构、用能权交易机构等企业及个人的信用档案，经依法依规认定为严重失信的，推送至河南省信用信息共享平台，开展联合惩戒。

（七）市场运行及交易现状

2018 年，河南省建立了用能权交易制度体系和数据报送、注册登记、交易系统平台，初步完成了顶层设计和基础支撑；2019 年 12 月 22 日，河南省正式启动用能权交易。在启动仪式上，河南济源钢铁（集团）有限公司等 6 家重点用能单位分别通过用能权交易系统完成 3 笔用能权指标线上交易，共计成交 2 650 t 标准煤，交易额 52.75 万元。因启动较晚，截至 2020 年 8 月底，河南省产生交易量 3 000 t 标准煤，交易金额 60 万元。

受疫情影响，原定于 2020 年 6 月底开展的 2019 年履约工作延期至 9 月 30 日，目前还未查询到公开的履约信息。

下一步，河南省试点将规范完善用能权交易市场，提升交易活跃度，同时推动试点履约，开展试点交易效果评估，总结提炼经验，适时扩大实施范围。

（八）市场分析

河南市场是 4 个试点市场中启动最晚的，能部分吸收其他试点市场的建设经验。从河南省用能权市场制度设计来看，主要特点如下。

（1）初期选取代表性地区纳入用能权试点范围。与其他试点将全区域纳入覆盖范围不同，河南的用能权交易市场的初期是在郑州市、平顶山市、鹤壁市、济源示范区 4 个有代表性的地区和重点行业企业先行先试，将有色、化工、钢铁、建材等重点行业年综合能耗在 5 000 t 标准煤以上的用能企业纳入试点范围。这样选取试点区域的做法，能更好地结合 4 区域实施效果，一步步扩展试点范围，更具备操作性。但也会存在因纳入企业数量太少，交易活跃度过低等问题。

（2）实行差异化配额分配制度。河南省用能权配额采取免费和有偿相结合的分配办法，配额分配采取差异化措施：对年度能源消费报告期内稳定运行满一年及以上的既有产能，综合根据行业生产流程、能源消费特点和产品类型，采取不同配额分配方法。对截至履约年度 12 月 31 日投产不满一年的新增产能，则在稳定运行满 1 年后，综合考虑固定资产投资项目节能审查意见和年度产品产量核定其初始用能权配额。

（3）强制与自愿参与结合，市场初期以履约为主。河南省用能权交易主体包括重点用能单位以及自愿参与履约单位。重点用能单位的纳入准入门槛略高于部分碳排放权交易试点的准入门槛。另外，河南省用能权交易市场还鼓励未纳入试点范围的用能单位自愿参与市场交易，增加市场活性，也为用能权交易更加广度和深度的推广奠定基础。

（4）探索用能权补偿机制及市场调节机制。《暂行办法》中提到探索用能权补偿机制，在交易中鼓励生产和使用可再生能源，可再生能源不计入年度综合能源消费量，鼓励通过利用可再生能源、实施节能技术改造项目实现的自愿节能量参与用能权交易。此举可刺激企业使用可再生能源，一定程度上解决可再生能源的消纳问题。

《暂行办法》中还提到，河南省发展改革委将会同有关部门建立市场调节机制，维护用能权交易市场稳定。在配额分配中政府预留一定量的配额（比例未公布）用于新增产能和市场调节。两个机制的实施仍在探索过程中，细节尚未公布。

（5）建立安全透明的交易信息公示制度。河南省试点率先将用能权交易放在省公共资源交易中心，实现全过程电子化管理、在线监管、网上预警、全程跟踪，在线追溯交易痕迹，在线实施监督管理，形成责任明确、程序规范、监督到位的在线监管工作机制。同时，按照相关管理办法，河南主管部门要求用能权交易机构建立交易信息公示制度，及时公布成交价格、成交量、成交金额等重要交易信息。主管会同有关部门建立市场调节机制，维护用能权交易市场稳定。

（九）试点问题及难点

作为 4 个试点中最后一个启动的用能权交易试点，河南省用能权交易市场缺乏一定的交易实践经验，可能面临着以下问题。

（1）存在重复建设的问题。河南省的用能权交易市场机制设计与我国试点碳市场的现行机制原理上非常相似，都是在总量控制的前提下进行交易履约，并设置了抵消机制来丰富纳管企业履约方式及延伸作用范畴，其设定的总量控制目标满足全省能源消费总量和强度“双控”目标及煤炭消费总量控制目标的要求，并综合考虑经济社会发展、能源消费结构、污染防治攻坚等因素。目前河南省用能权交易市场刚启动开市，而试点碳市场自2013年启动，已运行多年，全国碳市场即将启动实质性交易，河南省用能权市场需注意避免和碳市场存在重复建设。

（2）市场补偿机制、市场调节及指标分配制度待完善。河南省提出了用能权补偿机制和市场调节机制等配套机制，但具体细则有待完善。同时，目前的试点方案设计以企业履约为主，利用市场手段达到河南省能源消费控制总量目标。如果要形成真正意义上的用能权交易市场，并保证市场活跃度，还需要放宽市场的准入要求，强化市场交易属性，吸引更多投资者进入。而在指标分配制度方面，河南试点较为谨慎的指标分配方式可以避免指标分配过紧打击企业积极性或过松对市场产生冲击，但也会造成用能单位谨慎对待手中指标，对指标的持有以履约为主，在交易市场上惜售。

可见，河南省的现有各项交易制度仍有待完善。主管部门应在市场稳定运行的前提下，找准时机推行抵消机制，对可再生能源进行消纳，同时应制定规则，对启动市场调节机制的要求进行提前设计，确保交易市场公允。同时，河南省在试点建设中应注意总结工作经验，定期召开利益相关方听证会，收集各方对市场运行的意见，对重点难点问题进行针对性解决，并加强与其他试点地区的沟通交流，在完善试点工作的同时也为全国范围内推广用能权交易提供经验。

五、其他省级行政区用能权市场运行

（一）湖北省用能权市场

1. 市场概况

2017年5月，《湖北省固定资产投资项目节能审查实施办法》中提出了以各地能源消费增量控制目标为能源利用上限，严格控制高耗能项目，同时为满足个别市（州）有用能缺口，又能够在全省范围内平衡的重大项目用能需求，采取国家鼓励的“用能权有偿使用和交易”方式进行调剂。2018年初湖北省印发了《能源消费增量节余指标有偿使用和交易实施细则（试行）》。

2018年4月2日，湖北省宜昌市人民政府办公室印发《宜昌市用能权有偿使用管理办法（试行）》，并于6月5日率先试水企业“用能权”有偿使用实践。

2. 市场机制设计

湖北省用能权交易市场的机制设计及特点如下：

（1）《湖北省“十三五”节能减排综合工作方案》分解下达给各市州的能源消费增量控制目标，为无偿使用；将每年全省的节余指标作为省级调剂指标，实行有偿使用。

（2）交易标的为用能权指标，由省发展改革委依据全省能源消费总量控制情况研究确定。交易组织方为省发展改革委，参与方为各市（州）发展改革委。交易机构为湖北省碳排放权交易中心。交易方式为电子竞价、协议购买。交易价格参照同期碳排放权交易价格确定基准价。

湖北省规定地市竞购的指标用于增加地市相应年度的能源消费增量控制指标，竞购资金用于奖励作贡献的地市和节能减排项目。

3. 交易进展

2018 年第一季度，湖北省发展改革委正式组织开展了首次用能权交易试点，委托湖北省碳排放权交易中心有限公司挂牌出售 50 万 t 标准煤，有 4 个地市发展改革委参与竞购，实际成交 50 万 t 标准煤，总成交金额 2 500 万元。2019 年第二季度组织开展第 2 次用能权交易，累计成交 190.5 万 t 标准煤，成交金额 1.093 亿元。

4. 问题及难点

经过调研，湖北省用能权市场存在的问题及难点如下：

（1）理论基础和法律保障不足。用能权和排污权、碳排放权一样，都来源于政府宏观调控政策，也都存在理论基础不牢、法律保障不足的问题，而问题的核心是对此类权益的法律属性难以形成清晰一致的共识。湖北省同时是碳排放权交易试点，在碳排放权方面具有较扎实的理论基础。而对于用能权，理论界倾向于把以上权利定义为用益物权，但研究不够深入，不能为制度设计提供坚实的基础，真正将其纳入司法实践还有十分漫长的道路。而对于没有法律保障的湖北试点交易，在市场经济条件下存在走不远、走不好的潜在风险。

（2）时间跨度大、变数多。湖北省探索实施的用能权交易与能源消费增量计划、项目节能审查联动的机制，在实际操作中存在以下两个问题：一是时间跨度大，用能权交易不可能随时进行，一般安排在岁末年初，到年中分解下达增加指标，而项目建设一般都有周期，能耗需求通常在两年以后，衔接起来有难度；二是实际操作时变数多，项目能评只是诸多建设条件之一，还要受到很多因素的影响，一旦不能马上建设，购买的能耗指标就可能闲置浪费。所以从购买方角度来讲，存在很难决策的困境。

5. 市场建设计划

湖北省主管部门对用能权交易的工作计划如下：

（1）继续组织开展用能权交易试点，建立完善能源消费增量控制指标省级调济机制，结合新建项目能评审查，支持有关市州购买省级节余指标增加用能空间。

（2）实施重点用能单位“百千万”行动，公布企业名单、“双控”目标并逐年开展考核。研究探索在企业层面开展用能权交易的可行路径。

（3）支持宜昌等能源消费需求矛盾比较突出的地市对省政府分配给市州的能源消费增量指标在县（市、区）和项目单位层级开展有偿使用和交易试点。

（4）管好用好用能权交易资金，通过奖励先进、补偿节能，建立合理的利益调节机制，调动各方面的节能工作积极性。

6. 工作建议

根据湖北省市场调研的情况、存在的主要问题及下一步工作计划，提出以下意见建议。

（1）坚持目标导向，用经济手段调控资源环境容量。开展用能权交易试点，着眼于化解能源消费总量控制与重大项目能耗间的现实矛盾，用节余指标支持超计划用能的项目建设，用交易资金奖励做贡献的地方，用经济手段调控资源环境容量。

（2）与“双控”计划、节能审查制度紧密衔接。用能权交易指标直接来源于“双控”计划的节约指标，用能权交易的用途也是增加市州的“双控”计划指标，而且用能权交易也成为按基数分解下达年度“双控”目标之外的一种补充形式。湖北省市州购买用能权指标后，为一些超计划用能的项目报批节能审查创造了条件。

（3）注意尽量不增加制度性成本和企业负担。湖北省规定参与用能权交易试点的主体是市州节能主管部门。这样考虑一方面是尚未分解重点用能单位的初始用能权，企业层面开展交易试点条件不成熟；另一方面如果设计由各市州政府作为交易主体，需要以省政府名义来制订规则，流程复杂。把此项工作自我定位为发改系统的改革事项，有利于积累经验、发现问题，有利于分步骤有序推进改革。强调各市州不得强迫命令相关企业出资，避免增加制度性成本和企业负担。

（4）建议用能权交易不宜照搬碳交易的模式框架。湖北省是碳排放权交易试点区域，目前自主开展用能权交易试点，应注意不宜照搬碳交易的模式。主要原因分析如下：一是用能权的需求主要是新建项目，尤其湖北省开展“百千万”行动目标分解，原则上要求重点用能单位不增加能源消费量（剔除产能利用率因素），而碳排放权的需求主要是既有控排企业。二是碳排放权交易有利于促进企业控排，即通过要求企业对增加的排放支付成本费用，解决排放的负外部性问题，并降低全社会的单位减排成本，而能源消费严格地讲并没有负外部性问题，要求企业对增加的能源消耗额外支付费用，缺乏合理性，且增加了一项制度性成本，不符合当前供给侧结构性改革的取向。简单地说，开展碳排放权交易试点的地区，购买碳排放权企业的减排成本不一定高于非试点地区；而开展用能权交易试点的地区，购买用能权企业的用能成本一定会高于非试点地区，企业很可能会抵触。

（二）江西省用能权市场

1. 市场概况

江西省成立了由省政府分管副省长任组长，省发展改革委主任任副组长，省直相关单位领导为成员的全省用能权交易工作协调领导小组。同时，提出用能权交易的工作计划及试点建设工作安排表，拟定 2017—2018 年，逐步建立企业能耗数据报送和核查、初始用能权核定与分配、用能权有偿使用和交易制度体系，搭建交易平台，启动市场交易。2019—2020 年，完善市场要素，健全监管机制，扩大试点行业和区域范围，条件成熟后与其他试点地区对接，力争打造成为全国交易平台。

2017 年，江西省首次提出探索建立用能权交易制度，制定用能权有偿使用和交易试点方案，在部分行业开展节能量交易试点，探索重点行业用能权初始分配与交易制度。2018 年 1 月，江西省印发实施《江西省用能权有偿使用和交易制度试点实施方案》。

2019 年 3 月，江西省生态文明建设领导小组办公室出台《江西省用能权有偿使用和交易管理暂行办法》，作为规范江西省用能权交易活动的法定依据，确定江西省县级及以上发展和改革部门是用能权有偿使用和交易主管部门。首先在萍乡市、新余市、鹰潭市等试点，推动江西省用能权有偿使用和交易工作展开。

2. 市场机制设计

江西省用能权交易市场的覆盖行业是水泥、钢铁、陶瓷，纳入主体是试点市全域年综合耗能 5 000 t 标准煤以上的工业企业。火力发电企业自主选择是否纳入试点。

交易产品为用能权指标。交易主体为重点用能单位，也可选择其他能源消费总量和强度“双控”目标责任主体作为交易主体。

主管部门根据江西省能源消费总量和强度控制目标、纳入行业能源消费情况等综合因素确定省年度用能权指标总量，实行动态管理。主管部门负责核定重点用能单位的用能权指标量，并通过用能权注册登记系统发放给重点用能单位。综合固定资产投资项目节能审查意见核定新增产能所需用能权指标。用能权指标总量中需预留一定数量的指标，用于市场调节，新增产能等；同时建立用能权交易市场调节机制，适时向市场出让或回购一定量用能权指标，维护交易市场平稳运行。

江西省用能权交易市场分别依托江西省市场监督管理局和江西省产权交易所，作为用能权交易的监管平台和交易平台。江西省产权交易所制定用能权交易规则，一方面建立用能权交易系统，与用能权注册登记系统等信息平台联网，实现数据对接，信息共享；另一方面建立交易信息披露制度，及时公布交易行情，并及时披露可能引起市场重大变动的相关信息。

3. 问题及难点

用能权有偿使用和交易制度试点工作是一项全新的系统工程，国家试点省份经验均比较有限。相比来说，江西省工作基础较为薄弱，在工作推进中主要存在 3 个基本建设方面的困难。

（1）财政资金保障不足。试点企业原始用能权核查、能耗在线监测建设、市场交易平台搭建、市场调节基金设立等需要较大资金投入的事项，据初步测算，仅在初始用能权核查就需要 300 万元左右、能耗在线监测体系需要几千万元等。据公开信息查询，在全省财力有限、无中央财力支持的条件下，资金需求能否得到及时保障，有待各方共同努力。

（2）相关单位协同难度大。该项试点改革涉及近 20 个省内单位和所有设区市，在缺乏前期工作的情况下，存在相关单位不配合、懈怠甚至抵触的个别情况，这会影响工作的推进和开展。同时，部分部门对用能权交易的重视程度不够，这也导致工作停滞不前，协调任务重。

（3）重点用能单位积极性不高。用能单位是用能权交易的市场主体，需要支持、配合或参与能源消费报告与核查、在线监测体系建设、用能权指标注册登记与交易、清缴义务履行等很多重要环节。按照目前公布的初步方案测算，涉及的重点用能单位有成百上千家，纳入家数过多会导致用能单位积极型不高，工作难度大、工作强度高。

4. 市场建设计划

目前，江西省正在研究起草《江西省用能权有偿使用和交易实施细则》《江西省用能权配额核算与报告通则》《江西省用能权有偿使用和交易审核机构管理办法》《江西省用能权交易规则》。2020 年 1 月，上述 4 项研究成果已完成专家论证。用能权有关制度将征求各有关单位意见，进一步修改完善后印发。用能权注册登记系统和指标交易系统建设工作已完成招标，正在进行系统开发，预计 2020 年全部完成。

5. 工作建议

鉴于用能权交易制度改革国内经验有限，试点工作也均处在探索研究阶段，为了避免走太多弯路，也便于今后全国统一机制建设。对于启动较晚、缺乏一定实践基础的江西省用能权交易试点，一方面，建议依托第三方专业机构在汲取各试点有益经验的基础上，结合江西省实际情况，提供技术支持与服务；另一方面，主管部门应积极调动社会资本有限参与，减轻财政资金压力。

第四章

用能权和碳排放权协调机制

一、我国碳市场运行分析

自2013年以来，北京、天津、上海、重庆、湖北、广东、深圳、福建先后启动了区域碳市场。由于各地的产业结构和发展阶段不同，区域碳市场的设计也各具特色。

在纳入行业范围方面，北京碳市场、上海碳市场、深圳碳市场在市级行政区内运行，工业规模相对省级行政区来说较小。因此，京沪深3个试点选择了服务业企业纳入碳市场。而湖北、广东的碳排放主要来源于工业行业，因此碳市场则仅纳入工业企业。

纳入门槛方面，湖北按照综合能耗确定控排企业，北京、上海、深圳试点则按照排放量确定控排企业，广东试点既设置了能耗门槛，也设置了排放量门槛。绝对数值方面，因为地理范围及工业规模相对较小、产业结构不同等原因，北京碳市场、深圳碳市场的排放量门槛相对较低，分别为5 000 t CO_2和3 000 t CO_2。

在配额分配方面，各区域碳市场的配额总体可划分为初始配额、新增配额（新增设施或其他情形的配额调节）和储备配额（用于市场调节）3类。其中，上海碳市场、广东碳市场、湖北碳市场、天津碳市场曾使用储备配额举行过一次或多次拍卖。在采用免费配额分配方式时，各地均综合采用了基于历史排放总量、历史排放强度、基准线法的不同分配方法。其中，深圳、重庆还探索了以企业自主上报为主的配额确定方式。

在MRV机制方面，各地均要求履约企业在3—5月内完成上一年度的碳排放报告及核查。各地对于第三方机构的准入、核查技术规范、核查报告的质量检查以及经费保障等层面均出台了详细的规定。

在交易制度层面，各区域碳市场均设定了公开交易和协议转让两类交易方式，对于单笔交易量超过一定限额的交易应采用协议转让方式进行。对于线上公开交易，各地普遍设置了价格涨跌幅限制。

在抵消机制方面，各区域碳市场均允许企业使用CCER来抵消自身一定比例（1%～10%）的碳排放量。但是，各地对于用于抵消的CCER项目类型、产生时间、所在地区均作出了严格规定，且大多数地区均要求优先使用本地CCER进行抵消。除CCER外，北京、广东、福建制定了本地化的政策，将本地的林业碳汇、居民生活领域的小微低碳行为也纳入抵消机制范畴。

在监管和处罚机制方面，各试点地区对于未履约企业的处罚方式主要包括：处以市场配额均价数倍的罚款、在下一年度配额中加倍扣除未足额清缴部分配额、处以定额罚金、取消政策优惠等。

截至 2019 年 12 月 31 日，8 个区域碳市场配额现货累计成交量为 3.95 亿 t，累计成交额为 91.6 亿元（含线上、线下、拍卖以及现货远期交易）；CCER 累计交易量为 2.05 亿 t，成交金额约为 15 亿元。

2019 年全年，8 个区域二级碳市场线上线下共计成交碳配额现货 8 666.8 万 t。其中，广东碳市场配额累计成交量最高，成交 4 538.4 万 t，占比超过各市场当年总成交量的 50%；其次为深圳碳市场，配额累计成交 1 457.7 万 t，约占总成交量的 17%；湖北碳市场、北京碳市场、上海碳市场配额成交量接近，分别为 780.1 万 t、705.2 万 t、682.8 万 t，分别约占总成交量的 8%；福建碳市场、天津碳市场、重庆碳市场总成交量较小，分别为 340.5 万 t、113.1 万 t、48.9 万 t，共计占比 6% 左右，如图 4-1 所示。

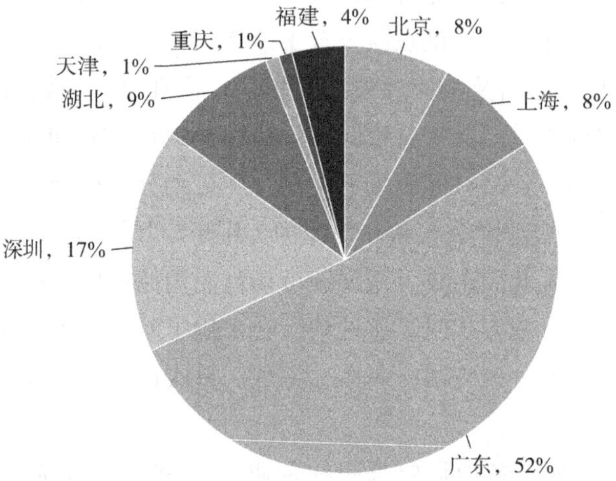

图 4-1　2019 年各区域碳市场配额交易量占比情况

着重对区域碳市场覆盖范围、配额分配、交易机制、抵消机制和监管 5 项核心要素进行了汇总（表 4-1）。

表 4–1　碳市场覆盖范围、配额分配、交易机制、抵消机制和监管 5 项核心要素

地区	覆盖范围	配额分配	交易机制	抵消机制	未履约处罚机制
北京	年度排放量在 5 000 t CO_2e（含）以上的工业和制造业企业、事业单位、国家机关及其他单位	履约机构配额总量包括既有设施配额、新增设施配额、配额调整量三部分。其中，既有制造业、其他工业和服务业企业（单位）设施配额核定采用历史总量法；既有供热和火力发电企业采用历史强度法；新增设施配额核定依据所属行业碳排放强度先进值测算	场内：挂牌交易 日涨跌幅：±20% 场外：协议转让 单笔规模：>1 万 t 日涨跌幅：±30%	可使用的减排量：CCER、节能量、林业碳汇、停驶减排量 抵消限制：京内 CCER 最高允许抵消配额总量的 5%，京外 CCER 最高允许 2.5%	未履约部分处以市场均价的 3～5 倍罚款
上海	钢铁、石化、化工、有色、电力、建材、纺织、造纸、橡胶、化纤等行业 2010—2011 年任一年排放量在 2 万 t CO_2e 以上的工业企业； 航空、港口、机场、铁路、商业、宾馆、金融等行业 2010—2011 年任一年排放量在 1 万 t CO_2e 以上的非工业企业	综合采用行业基准线法、历史强度法和历史排放法。发电、电网和供热等电力热力行业企业，采用行业基准线法；对主要产品可以归为 3 类（及以下）、产品产量与碳排放量相关性高且计量完善的工业企业，以及航空、港口、水运、自来水生产行业企业，采用历史强度法；对商场、宾馆、商务办公、机场等建筑，以及产品复杂、近几年边界变化大、难以采用行业基准线法或历史强度法的工业企业，采用历史排放法	场内：集中竞价 日涨跌幅：±10% 场外：协议转让 单笔规模：>10 万 t 日涨跌幅：50 万 t 以下 ±30%，以上无限制	可使用的减排量：CCER 抵消限制：配额总量的 1%	责令履行配额清缴义务，并可处以 5 万元以上 10 万元以下罚款

地区	覆盖范围	配额分配	交易机制	抵消机制	未履约处罚机制
湖北	水泥、电力、热力及热电联产、造纸、玻璃及其他建材、陶瓷制造、化工、汽车制造、钢铁、石化、设备制造、食品饮料、有色金属和其他金属制品、医药、纺织业、水生产行业，2015—2017年任一年综合能耗1万CO_2e及以上的企业	配额分配采用标杆法、历史强度法、历史法相结合的方法。水泥、电力行业采用标杆法；热力和热电联产、造纸、玻璃及其他建材行业采用历史强度法；其他行业采用历史法	场内：集中竞价 日涨跌幅：±10% 场外：公开转让、协议转让 单笔规模：公开转让>1万t，协议转让无限制 日涨跌幅：±30%	可使用的减排量：CCER 抵消限制：配额总量的10%	未履约部分处以市场均价的1倍以上，3倍以下罚款，但最高不超过15万元，并在下一年度配额分配中予以双倍扣除
广东	年综合能耗1万CO_2e及以上，或年排放量2万t CO_2e的电力、水泥、钢铁、石化、造纸、民航行业企业	主要采用基准线法、历史强度下降法和历史排放法。电力行业燃煤燃气发电机组（含供热、热电联产机组）、水泥行业的熟料生产和粉磨、钢铁行业长流程企业、普通造纸和纸制品生产企业、全面服务航空企业使用基准线法；电力行业使用特殊燃料发电机组及供热锅炉、特殊造纸和纸制品生产企业、有纸浆制造的企业、其他航空企业使用历史强度下降法；水泥行业的矿山开采、微粉粉磨生产、钢铁行业短流程企业和其他钢铁企业以及石化行业企业使用历史排放法	场内：挂牌交易 日涨跌幅：±10% 场外：协议转让 单笔规模：协议转让>10万t 日涨跌幅：±30%	可使用的减排量：CCER、碳普惠制核证减排量 抵消限制：排放总量的10%	下一年度配额中扣除未足额清缴部分2倍配额，并处5万元罚款
深圳	年度排放量在3 000 t CO_2e以上的工业和制造业企业； 大型公共建筑以及建筑面积大于1万m^2的国家机关办公建筑业主	单一产品行业，其实际配额等于本单位上一年度生产总量乘以上一年度目标碳强度；其他工业行业，其实际配额等于本单位上一年度实际工业增加值乘以上一年度目标碳强度	场内：集中竞价 日涨跌幅：±10% 场外：大宗交易 日涨跌幅：±30%	可使用的减排量：CCER 抵消限制：排放总量的10%	未履约部分从其下一年度配额中直接扣除，并处市场均价3倍的罚款

地区	覆盖范围	配额分配	交易机制	抵消机制	未履约处罚机制
天津	石化、化工、建材、钢铁、有色、造纸、电力、航空行业年排放二氧化碳2万t以上的企业或单位	电力、热力、热电联产行业的纳入企业依据基准法；对钢铁、化工、石化、油气开采等行业的纳入企业采用历史法	场内：网络现货 日涨跌幅：±10% 场外：协议交易 单笔规模：20万t 日涨跌幅：±10%	可使用的减排量：CCER 抵消限制：排放总量的10%	责令限期改正，并在3年内不得享受规定的政策优惠
重庆	年度排放量达到2万t二氧化碳当量的工业企业	采取配额先自主申报、后调整的方式。如申报量之和低于基准配额总量，申报量即为年度配额；如申报量之和高于基准配额总量且配额管理单位申报量高于其历史最高排放量，以其申报量和历史最高排放量的平均值为分配基数，低于其历史最高排放量的，申报量为分配基数	场内：定价申报 日涨跌幅：±10% 场外：成交申报 单笔规模：>1万t 日涨跌幅：±30%	可使用的减排量：CCER 抵消限制：排放总量的8%	责令限期改正；逾期未改正的，公开通报违规行为，同时3年内不得享受规定的政策优惠
福建	电力、钢铁、化工、石化、有色、民航、建材、造纸、陶瓷行业，年综合能源消费总量达1万t标准煤以上（含），即排放约达2.6万t二氧化碳当量的企业	2018年、2019年配额总量由既有项目配额、新增项目配额和市场调节配额3部分组成。发电、水泥、电解铝、平板玻璃等行业重点排放单位采用基准线法；电网、铜冶炼、钢铁、化工、原油加工、乙烯、纸浆制造、机制纸和纸板、航空、机场、建筑陶瓷及卫生陶瓷等行业重点排放单位采用历史强度法	场内：挂牌点选 日涨跌幅：±10% 场外：协议转让 单笔规模：>5万t 日涨跌幅：±30%	可使用的减排量：CCER、FFCER 抵消限制：CCER可抵消排放总量的5% FFCER可抵消排放总量的10%	在下一年度配额中扣除未足额清缴部分2倍配额，并处以清缴截止日前一年配额市场均价1～3倍的罚款，但罚款金额不超过3万元

二、碳交易市场的运营建设

针对各碳交易试点地区的特点和异同、市场覆盖范围、配额分配、MRV 制度、现货交易制度、抵消机制及惩罚措施等层面对 8 个碳交易市场的机制设计情况进行对比分析。并针对各试点市场 2019 年的交易量、交易额情况进行汇总分析。

（一）市场机制

（1）在行业范围方面，北京碳市场、上海碳市场、深圳碳市场在市级行政区内运行，工业规模相对省级行政区来说较小，无论是地理范围还是排放量规模均远小于湖北碳市场、广东碳市场。产业结构也与湖北、广东两省存在较大差异。因此，京沪深 3 个试点选择了纳入服务业企业，而湖北碳市场、广东碳市场则仅纳入工业企业。此外，相比北京碳市场、深圳碳市场，上海碳市场、湖北碳市场、广东碳市场对纳入行业进行了相对更明确的规定。

（2）纳入门槛，湖北试点按照综合能耗确定控排企业，北京、上海、深圳试点则按照排放量确定控排企业，广东试点既设置了能耗门槛，也设置了排放量门槛。绝对数值方面，因为地理范围、工业规模相对较小、产业结构不同等原因，北京碳市场、深圳碳市场的排放量门槛相对较低，分别为 5 000 t CO_2 和 3 000 t CO_2。

表 4–2　各试点省市覆盖范围对比

地区	纳入行业（范围）	纳入门槛（条件）
北京	企业、事业、国家机关及其他单位	年度排放量在 5000 t CO_2e（含）以上
上海	钢铁、石化、化工、有色、电力、建材、纺织、造纸、橡胶、化纤等工业行业企业，以及航空、港口、机场、铁路、商业、宾馆、金融等非工业行业企业	2010—2011 年任一年排放量在 2 万 t CO_2e 以上的工业企业和排放量在 1 万 t CO_2e 以上的非工业企业
湖北	水泥、电力、热力及热电联产、造纸、玻璃及其他建材、陶瓷制造、化工、汽车制造、钢铁、石化、设备制造、食品饮料、有色金属和其他金属制品、医药、纺织业、水生产行业企业	2015—2017 年任一年综合能耗在 1 万 CO_2e 及以上的工业企业
广东	电力、水泥、钢铁、石化、造纸、民航行业企业	年综合能耗在 1 万 CO_2e 及以上，或年排放量达到 2 万 t CO_2e 的 6 大行业企业
深圳	企业、公共建筑、国家机关办公建筑	年度排放量在 3 000 t CO_2e 以上的企业；大型公共建筑以及建筑面积大于 1 万 m^2 的国家机关办公建筑业主；自愿申请加入碳排放管控并经主管部门批准通过的单位

地区	纳入行业（范围）	纳入门槛（条件）
天津	石化、化工、建材、钢铁、有色、造纸、电力、航空	年排放二氧化碳 2 万 t 以上的企业或单位
重庆	工业行业	年度排放量达到 2 万 t 二氧化碳当量的工业企业
福建	电力、钢铁、化工、石化、有色、民航、建材、造纸、陶瓷	年综合能源消费总量达 1 万 t 标准煤以上（含），即排放约达 2.6 万 t 二氧化碳当量的企业法人

值得注意的是，截至 2018 年，北京、深圳、湖北试点并未将航空业纳入区域碳市场。上海试点既纳入机场也纳入航空公司，广东试点则只纳入航空公司。

（二）配额分配方式

碳交易市场中，主要试点省份把碳配额供给量的设定在控排企业排放量尚未完全确定的时侯。在总量设定时，市场中的刚性需求尚存在不确定性。因此试点省份对碳交易市场多数采用总量从宽、逐年收紧的原则，同时参考地方经济增长形势、应对气候变化政策来进行配额总量的设定。除以上因素外，全国碳市场过渡阶段带来的风险也会影响总量设定。为了防止从试点到全国碳市场过渡期内控排企业退出试点碳市场后剩余富余配额导致的一系列衍生问题（包括结转方案设定困难、冲击交易市场等），以湖北、广东、上海为代表的试点碳市场有关部门在 2017 履约年度配额总量设定时进行了较大幅的收紧，尤其是针对第一批进入全国碳市场的电力行业收紧力度最大。

多数试点省份在碳市场配额中，分为初始配额、新增配额（新增设施或其他情形的配额调节）和储备配额（用于市场调节）3 类。试点省份碳市场交易中，上海碳市场、广东碳市场、湖北碳市场、天津碳市场曾使用储备配额进行拍卖。其中湖北碳市场在开市之初，使用拍卖引导了配额初始定价；上海碳市场在 2016、2017、2018 三个履约年度末期，举行了面向未履约控排企业的惩罚性拍卖；广东碳市场探索了配额有偿分配机制；天津碳市场在 2019 年履约期临近时通过惩罚性拍卖配额帮助企业补足缺口。北京碳市场出台的《北京市碳排放权交易公开市场操作管理办法（试行）》中，对储备配额的拍卖进行了机制设定，由于北京碳市场运行情况相对较好、价格相对较稳定，并未触发任何拍卖。各试点历年拍卖方案设置见表 4-3。

表 4-3 试点碳市场最近一次拍卖的方案设定

地区	履约年度	发放量 / 万 t	发放对象	拍卖方式	备注
上海	2018	200	仅限控排企业	固定价格：按照整年度线上交易均价的 1.2 倍计，并不高于 48 元 /t	惩罚性拍卖；拍卖配额仅能用于履约
湖北	2018	500（分两次拍卖）	第一批 200 万 t 面向 2018 年度碳交易履约有缺口的纳入碳排放配额管理企业；第二批 300 万 t 面向纳入碳排放配额管理的企业和有关机构	2017 年 10 月 30 日—2019 年 10 月 30 日在湖北碳排放配额现货市场协商议价交易的日收盘价的加权平均值	政府的市场调节行为
广东	2019	40	本省控排企业、新建项目和相关投资机构	政策保留价按照竞价公告日的前 3 个自然月广东碳市场配额挂牌点选交易加权平均成交价计算	
天津	2018	200	试点纳入企业中 2018 年度履约存在配额缺口（含历史结余配额）的企业	2018 年 1 月 1 日—2019 年 6 月 26 日所有交易日市场加权平均价的 1.2 倍	2019 年 6 月 27 日拍卖成交 100 余万 t

（三）MRV 制度差异

试点省份都采用了第三方核查机构制度，即 MRV。监测、报告、核查相关程序也基本一致。由于全国碳交易市场的发展正处于探索阶段，试点省份对 MRV 相关的框架性规定，一般以地方政府规章或管理办法的形式发布，并对监测、报告、核查程序、时间要求作出了相关规定。但各试点省份对核查机构 MRV 的管理、核查活动资金来源、核查报告的复查、抽查等方面各有不同：广东省对于排放量核查、报告工作有专门的实施细则，核查费用均由政府出资；北京、深圳则发布了专门的第三方核查机构管理办法，确定由企业自主选择核查机构并自行承担核查费用；北京、广东每年专门对核查报告组织现场抽查工作，以确保数据质量，而其他试点省份多数采用政府内部评审或专家评审方式进行数据审核。试点碳市场 MRV 程序及时间安排见表 4-4。

表 4-4 试点碳市场 MRV 程序及时间安排

地区	监测计划提交时间	排放报告提交时间	核查报告提交时间
北京	4 月 15 日	4 月 15 日	5 月 15 日
上海	12 月 31 日	3 月 31 日	5 月 22 日
湖北	3 月 31 日	3 月 31 日	5 月 31 日

地区	监测计划提交时间	排放报告提交时间	核查报告提交时间
广东	3月15日	3月15日	5月5日
深圳	3月31日	3月31日	4月30日
天津	11月30日	3月30日	4月30日
重庆	—	2月20日	—
福建	—	2月最后一个工作日	4月30日

（四）现货交易制度

场内交易方面，上海碳市场、湖北碳市场、深圳碳市场采用集中竞价模式进行交易；北京碳市场采用挂牌交易模式，实行 ±20% 的涨跌幅限制；广东引入了成交优先级机制，虽然不进行自动撮合，但碳市场的交易模式已经接近集中竞价模式；湖北碳市场、深圳碳市场采用 ±10% 限制交易模式。虽然各省（市）碳交易模式不尽相同，但都对碳市场交易起到推动作用（表 4–5）。

表 4–5　场内交易规则对比

地区	交易标的	交易方式	最小价格变动单位 /（元 /t）	涨跌幅限制
北京	BEA CCER 林业碳汇	挂牌交易	0.1	基准价 ±20%
上海	SHEA CCER	集中竞价	0.01	前收盘价 ±10%
广东	GDEA CCER PHCER	挂牌交易，但存在排序机制	0.01	前收盘价 ±10%
湖北	HBEA CCER	集中竞价	0.01	前收盘价 ±10%
深圳	SZA CCER	集中竞价	0.01	前收盘价 ±10%
天津	TJEA CCER	网络现货	0.01	前收盘价 ±10%
重庆	QCEA CCER	定价申报	0.01	基准价 ±10%
福建	FJEA CCER FFCER	挂牌点选	0.01	前收盘价 ±10%

场外交易方面，湖北碳市场对场外交易规模不设门槛；北京、深圳试点以1万t为限起步，上海、广东试点则以10万t为限起步。上海碳市场、广东碳市场、湖北碳市场、深圳碳市场采用±30%的涨跌幅限制，北京碳市场不做涨跌幅限制。各试点地区场外交易规则对比见表4-6。

表4-6　各试点地区场外交易规则对比

地区	交易方式	单笔规模限制	涨跌幅限制
北京	协议转让	＞1万t	±30%
湖北	公开转让	＞1万t	±30%
	协议转让	无	±30%
上海	协议转让	配额＞10万t；CCER无限制	配额：50万t以下±30%，以上无限制； CCER无限制
广东	初始转让	CCER项目业主专用，无限制	无限制
	协议转让	配额＞10万t；CCER、PHCER无限制	配额±30%； CCER、PHCER无限制
深圳	大宗交易	＞1万t	±30%
天津	协议交易	＞20万t	±10%
	拍卖交易	无	起拍价：前一交易日线上交易价格的±10% 价格涨幅限制：前一交易日线上交易价格的10%
重庆	成交申报	＞1万t	±30%
福建	协议转让	＞5万t	±30%
	单向竞价	无	无
	定价转让	无	无

（五）抵消机制

试点省市均对抵消机制作了明确规定。其中，湖北碳市场的抵消机制设定最为严格，如监测期必须与监测期指标完全吻合，减排量产生地区要求精确到县，并且每年都要进行调整。政策连续调整旨在精确控制流入市场上的减排量额度，有效避免了减排量对配额市场的冲击。

广东碳市场、上海碳市场抵消机制设定相对适中，但两个试点都有着因为抵消机制设置过于宽松使得大量 CCER 进入市场中，导致市场需求严重下降、企业富余配额积存严重的现象。其原因如下。

（1）广东碳市场：2015 年初，广东不强制要求使用省内 CCER 入场碳交易，引发省外 CCER 进场交易，并规定企业可以用来抵消 3% 的排放量。这样一来，广东碳市场体量有 4 亿 t 左右，虽然抵消比例只有 3%，但 2015 年最终流入广东碳市场的 CCER 超过 400 万 t，严重影响了配额交易市场的供求关系。当时 CCER 过度进场，成为广东碳价格持续低迷的重要原因之一。2016 年开始，广东要求省外 CCER 必须搭配省内减排量使用，这样才有效抑制了减排量对配额交易市场的冲击。

（2）上海碳市场：上海碳市场体量约 1.6 亿 t，小于广东碳市场，但由于抵消机制中没有地域限制，交易量仍然相对过剩。在 2014—2015 年抵消机制中，可抵消比例为 5%，最终合计使用 CCER 约 160 万 t。由于碳交易初始期配额分配偏宽松，CCER 的使用加速了配额价格的下跌。因此，到 2016 年，上海碳市场调整可抵消比例为 1%。

北京碳市场抵消机制最为稳定，没有进行过变更，并且从未对配额交易市场造成冲击。在试点碳市场中，各参与方对北京碳抵消市场的信心相对较好，对北京适用的 CCER 投资意愿相对较强。各试点省市抵消机制对比见表 4-7。

（六）未履约的惩罚措施

试点初期，国内各试点碳市场的法律和政策基础并不完善，主要有地方人大立法和地方政府立规这两种形式，试点省份法律和政策保障差别较大。

在试点碳市场中，北京试点碳市场的法律和建设相对完善。北京试点碳市场采用“1+1+n”的政策法规体系，包括北京市人大立法、地方规章和市发展改革委会同有关部门出台 20 余项配套政策文件与技术支撑文件，为北京试点的持续健康发展提供了法律基础和政策保障。深圳市同样也出台了人大立法，而其余试点碳市场运行法律基础均为政府规章制度，缺乏对交易纠纷和监管处罚的法律机制，因而市场监管法律约束力较弱。表 4-8 汇总了各试点碳市场对于企业未按时履约的处罚政策。

（七）交易情况

截至 2019 年 12 月 31 日，8 个区域碳市场配额现货累计成交量为 3.95 亿 t，累计成交额为 91.6 亿元（含线上、线下、拍卖以及现货远期交易）；CCER 累计交易量为 2.05 亿 t。

表 4–7　各试点省市抵消机制对比

地区	可使用的减排量类型	抵消比例限制	项目类型限制	地域限制	监测期限制	减排量产生主体限制	其他限制
北京	CCER、节能量、林业碳汇、停驶减排量	配额总量的 5%	非水电项目	来自北京的减排量可以抵消 5%，其他地区减排量只能抵消 2.5%	2013 年 1 月 1 日以后	减排量不得来自本市控排企业	无
上海	CCER	配额总量的 1%	非水电项目	无	无	减排量不得来自本市控排企业	项目计入期开始在 2013 年 1 月 1 日以后
湖北	CCER	配额总量的 10%	必须为户用沼气、林业碳汇项目	必须来自湖北省的特定地区	必须是 2013 年 1 月 1 日—2015 年 12 月 31 日	无	无
广东	CCER、碳普惠制核证减排量	排放总量的 10%	非水电、化石能源发电、供热和余能利用项目	不得来自其他碳交易试点地区；必须有 70% 以上的减排量来自广东省，没有省内减排量则无法抵消	无	无	不得来自在 CDM 执行理事会注册前就已经产生减排量的项目；全省总抵消量不超过 150 万 t
深圳	CCER	排放总量的 10%	必须来自特定类型的项目	每种类型的减排量都需要来源于特定的地区	无	无	无
天津	CCER	排放总量的 10%	非水电项目	无	2013 年 1 月 1 日以后	减排量不得来自本市控排企业	减排气体为二氧化碳
重庆	CCER	排放总量的 8%	非水电项目	必须来自本市	无	无	无
福建	CCER	排放总量的 5%	非水电项目	本省行政区内产生	无	非来自重点排放单位	仅来自二氧化碳、甲烷气体的项目减排量
	FFCER	排放总量的 10%	林业碳汇	本省行政区内产生	无	无	2005 年 2 月 16 日之后开工

表 4-8　各试点地区未履约企业惩罚措施对比

试点地区	未履约企业惩罚措施
北京	重点排放单位超出配额许可范围进行排放的，其行为属于基础裁量 B 档。由市政府主管部门责令限期履行控制排放责任，并可根据其超出配额许可范围的碳排放量，按照本市碳排放权场内交易前六个月成交市场均价的 3～5 倍予以处罚
上海	由市发展改革部门责令履行配额清缴义务，并可处以 5 万元以上 10 万元以下罚款
湖北	企业排放超出许可范围的，由主管部门按照当年度碳排放配额市场均价，对差额部分处以 1 倍以上 3 倍以下，但最高不超过 15 万元的罚款，并在下一年度配额分配中予以双倍扣除。有违法所得的，没收违法所得，并处以违法所得 1 倍以上 3 倍以下，但最高不超过 15 万元的罚款；没有违法所得的，处以 1 万元以上 5 万元以下的罚款
广东	由省发展改革部门责令履行清缴义务；拒不履行清缴义务的，在下一年度配额中扣除未足额清缴部分 2 倍配额，并处 5 万元罚款
深圳	由主管部门责令限期补交与超额排放量相等的配额；逾期未补交的，由主管部门从其登记账户中强制扣除，不足部分由主管部门从其下一年度配额中直接扣除，并处超额排放量乘以履约当月之前连续六个月碳排放权交易市场配额平均价格 3 倍的罚款
天津	由主管部门责令限期改正，并在 3 年内不得享受规定的政策优惠
重庆	由主管部门责令限期改正；逾期未改正的，公开通报其违规行为，同时 3 年内不得享受规定的政策优惠
福建	在下一年度配额中扣除未足额清缴部分 2 倍配额，并处以清缴截止日前一年配额市场均价 1～3 倍的罚款，但罚款金额不超过 3 万元

配额现货市场成交情况对比

2019 年全年，8 个区域二级碳市场线上线下共计成交配额现货 8 666.8 万 t（图 4-2）。其中，广东碳市场配额累计成交量最高，成交 4 538.4 万 t，占比超过各碳市场当年总成交的 50%；其次为深圳碳市场，配额累计成交 1 457.7 万 t，约占总成交的 20%；湖北、北京、上海碳市场配额成交量接近，分别为 780.1 万 t、705.2 万 t、682.8 万 t，分别约占总成交的 8%；福建、天津、重庆碳市场总成交量较小，分别为 340.5 万 t、113.1 万 t、48.9 万 t，共计占比 6% 左右。

总体上看，2019 年碳市场配额交易总量较 2018 年增长了 11%。其中广东、重庆碳市场交易量涨幅明显，分别上涨了 60% 和 88%；上海、福建碳市场交易量略有上涨，涨幅在 15% 左右；深圳、北京、湖北、天津碳市场交易量则出现下滑，其中天津、湖北碳市场降幅超过 30%，北京、深圳碳市场降幅在 20% 左右。2018 年、2019 年各省市碳市场配额交易量如图 4-3 所示。

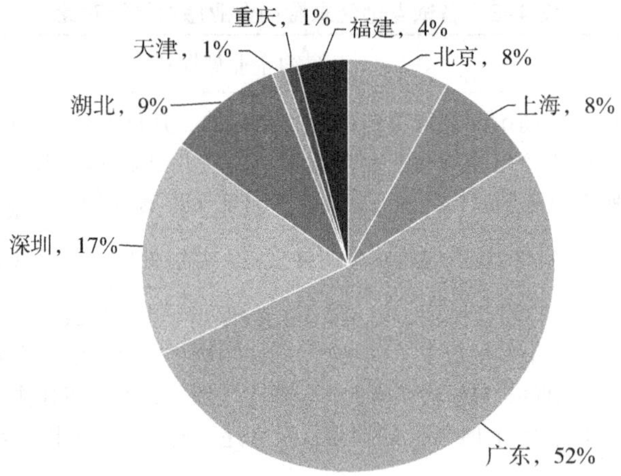

图 4-2　2019 年各区域碳市场配额交易量占比情况

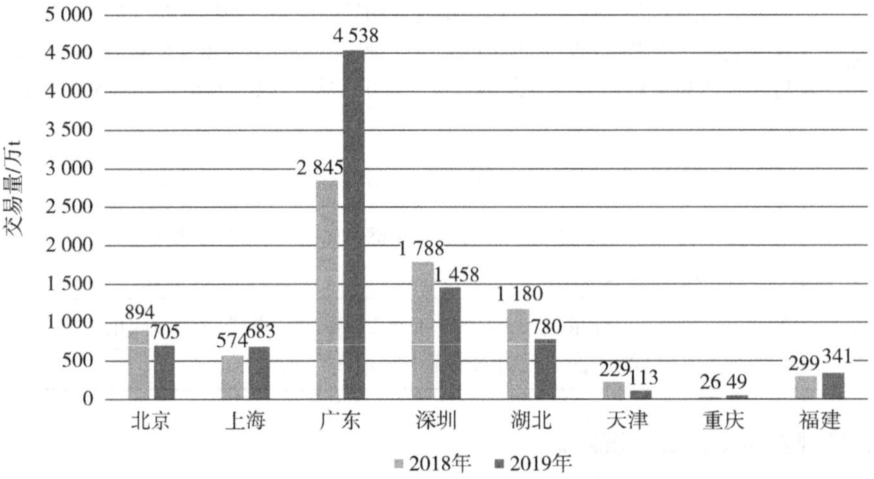

图 4-3　2018 年、2019 年各省市碳市场配额交易量

2019 年，国内各区域碳市场的配额公开交易成交均价见表 4-9，其中北京碳市场成交均价最高，达 78.8 元 /t，重庆碳市场成交均价最低，为 9.7 元 /t。

表 4-9　2019 年中国各区域碳市场公开交易成交均价　　单位：元 /t

地区	北京	上海	广东	深圳	湖北	天津	重庆	福建
均价	78.8	40.5	23.1	13.7	32.1	13.6	9.7	16.3

2019 年，国内区域碳市场的配额公开交易价格走势如图 4-4 所示，其中北京碳市场价差最大，波动达 39 元 /t；深圳碳市场受交易品种类型丰富、价格波动的影响，价格曲线变动频率最高；上海、广东碳市场价格表现最为平稳；福建、北

京碳市场价格在履约期前（6 月末、7 月末）冲高；湖北碳市场于履约前夕（12 月初）展开了配额拍卖，缓解了碳市场中配额紧缺的情况，交易价格由 30 元 /t 下降至 25 元 /t 左右；重庆碳市场自 10 月起价格涨幅明显，于 12 月中达到年度最高值（38.94 元 /t），并在年底迅速回落。

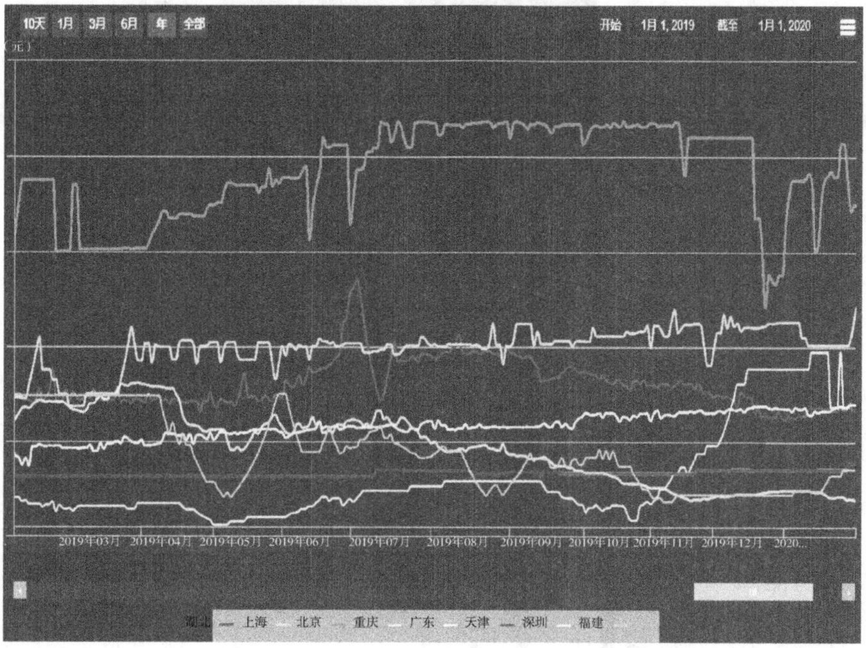

图 4-4　各区域碳市场 2019 年配额线上公开交易价格走势

（八）自愿减排市场成交情况

2019 年，国内碳市场核证自愿减排量 CCER 成交量共计 4 309.5 万 t。各区域碳市场 2019 年 CCER 成交量占比如图 4-5 所示。其中，上海碳市场 CCER 累计成交量最高，成交 1 512.5 万 t，占比超过各碳市场当年总成交的 30%；其次为广东、四川碳市场，均成交 900 万 t 左右，分别占总成交的 20%；福建碳市场较为活跃，当年共计成交 460 万 t，约占总成交的 10%；其他碳市场 CCER 交易量占比均不超过 10%。

2019 年，各碳市场 CCER 成交量呈迅速扩张态势，同比增长了 50%。其中，湖北、四川碳市场交易量涨幅最为大，扩展至 4 倍左右；福建碳市场交易量扩展近 3 倍；广东、上海、北京碳市场均发生明显增长。2018 年、2019 年各省市碳市场 CCER 交易量如图 4-6 所示。

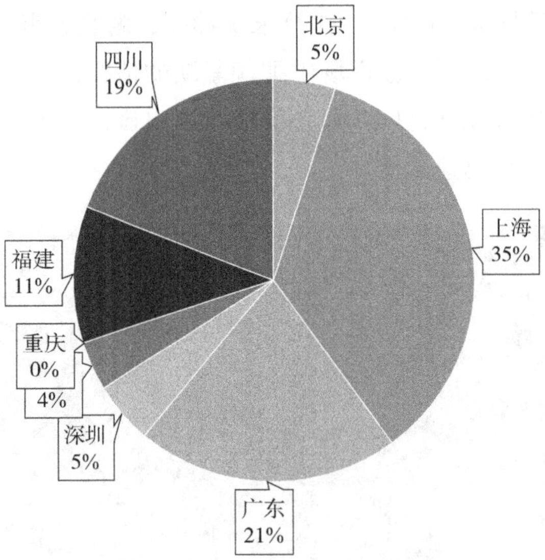

图 4-5 各区域碳市场 2019 年 CCER 成交量占比

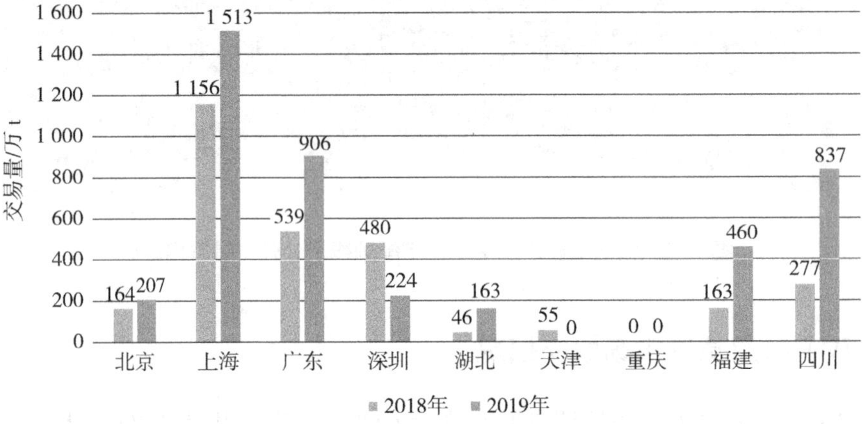

图 4-6 2018 年、2019 年各省市碳市场 CCER 交易量

三、全国碳交易市场建设进展

2017 年 12 月，国家发展改革委印发了《全国碳排放权交易市场建设方案（发电行业）》，这标志着我国碳排放交易体系完成了总体设计并正式启动。按照此方案，全国碳市场建设（发电行业）分为 3 个阶段：一是基础建设期，计划用一年左右的时间，完成全国统一的数据报送系统、注册登记系统和交易系统建设。开展碳市场管理制度建设和能力建设，提升各类主体参与能力和管理水平。二是模拟运行期，计划用一年左右的时间，开展发电行业配额模拟交易，全面检验市场各要素

环节的有效性和可靠性，强化市场风险预警与防控机制，完善碳市场管理制度和支撑体系。三是深化完善期，在发电行业交易主体间开展配额现货交易。交易仅以履约为目的，履约部分的配额予以注销，剩余配额可跨履约期转让、交易。在发电行业碳市场稳定运行的前提下，逐步扩大市场覆盖范围，丰富交易品种和交易方式。

2018 年 2 月，根据中共十九届三中全会审议通过的《中共中央关于深化党和国家机构改革的决定》，决定组建生态环境部，并将应对气候变化和减排职责由国家发展改革委员会转隶至生态环境部。随着国家层面转隶工作的完成，各省市也在 2018 年、2019 年先后启动并完成应对气候变化和减排职责的转隶。

（一）全国统一碳市场既有工作成效

1. 制度体系建设不断完善

自我国碳排放交易体系的启动，生态环境部加快推进全国碳市场制度体系建设。法律法规方面，2019 年 4 月印发《碳排放权交易管理暂行条例（征求意见稿）》，共 27 条，覆盖了职责分工、配额分配、监测报告核查制度、配额交易、信息披露、监督管理、惩戒措施等方面内容，明确全国碳市场全流程活动中各项工作的开展原则和方法。2021 年 3 月 30 日，生态环境部对《碳排放权交易管理暂行条例（草案修改稿）》公开征求意见。在自愿减排市场，2019 年 6 月下发《温室气体自愿减排交易管理办法（征求意见稿）》，提出将设立温室气体自愿减排管理和交易中心，协助国家主管部门承担温室气体自愿减排项目和项目减排量的管理工作。配额分配方面，2019 年 9 月发布《2019 年发电行业重点排放单位（含自备电厂、热电联产）二氧化碳排放配额分配实施方案（试算版）》。目前已完成发电、水泥、电解铝 3 个重点子行业配额分配方案的论证和技术指南编制，正在开展 9 个剩余子行业的配额分配方案论证和技术指南编制工作。注册登记和交易制度方面，分别由湖北省和上海市编制了《全国碳排放权注册登记系统监督管理办法（送审稿）》《全国碳排放权登记结算管理办法（送审稿）》《全国碳排放权交易规则（送审稿）》等文件。

2. 碳排放历史数据收集步入正轨

生态环境部高度重视全国碳市场基础数据，将碳核查质量和碳排放数据准确性放在了碳市场建设的首要位置。继国家发展改革委《关于组织开展重点企（事）业单位温室气体排放报告工作的通知》（发改气候〔2014〕63 号）、《关于切实做好全国碳排放权交易市场启动重点工作的通知》（发改办气候〔2016〕57 号）和《关于做好 2016、2017 年度碳排放报告与核查及排放监测计划制定工作的通知》（发改办气候〔2017〕1989 号）后，生态环境部持续加强全国重点排放单位基础数据摸底工作。2019 年 1 月，生态环境部发布《关于做好 2018 年度碳排放报告与核查及排放监测计划制定工作的通知》（环办气候函〔2019〕71 号）（以下简称《通知》），该《通知》的发布，开启了石化、化工、建材、钢铁、有色、造纸、电力、航空 8 大行业 2018 年的碳排放报告与核查及排放监测计划制定工作，要求各地于 3 月 31 日前完成温室气体核算与报告，并于 5 月 31 日前完成核查、复核与报送。此次通知是气候司转隶后首次开展核查工作，与 2016—2017 年的要求相比，纳入行业、门槛以及履约时间节点等基本没有变化。主要变化有两点：一是核查报告中增加了对企业排放监测计划执行的核查；二是对钢铁行业补充数据表进行了修改和完善。在 2019 年 10 月起开展的“碳市场配额分配与管理系列培训”中，生态环境部对各省市发电行业企业相关数据再次进行收集，同时着重强调了制定监测计划、第三方核查和复核与报送工作的重要性。

3. 基础设施建设稳步推进

根据国家发展改革委工作安排，全国碳排放权注册登记系统和交易系统由湖北省和上海市分别牵头承建，北京市、天津市、重庆市、广东省、江苏省、福建省和深圳市共同参与。目前，湖北省依托湖北碳排放权交易中心、上海市依托上海联合产权交易所和上海环境能源交易所，均已完成各自牵头系统的招标并启动建设工作。同时，生态环境部于 2019 年 5 月发布《关于做好全国碳排放权交易市场发电行业重点排放单位名单和相关材料报送工作的通知》（环办气候函〔2019〕528 号），要求各省市于 7 月 19 日前报送本地区发电行业重点排放单位名单，以及注册登记系统和交易系统开户资料，以做好配额分配、系统开户和市场测试运行的准备工作。目前，注册登记系统和交易系统已根据各省市报送的资料，帮助重点排放单位完成相关系统开户工作。

4. 能力建设工作持续开展

2018 年 9 月，为落实《全国碳排放权交易市场建设方案（发电行业）》（发改气候规〔2017〕2191 号），提升发电行业参与全国碳市场能力，生态环境部召开发电行业参与全国碳排放权交易市场动员部署会，会议要求各省（区、市）有关部门及中国电力企业联合会等行业协会充分发挥管理协调作用，抓紧完成发电行业参与全国碳市场建设各项任务，各有关电力企业要切实提高参与主体意识，全面提升参与碳交易能力。

2019 年 10—12 月，为进一步提升全国碳排放权交易市场各类主体参与能力和管理水平，做好全国碳排放权交易市场运行测试相关准备工作，生态环境部举办 8 期碳市场配额分配和管理系列培训班，参训人员为各省级生态环境主管部门负责碳市场建设相关工作的干部和单位的技术骨干，以及全国碳市场发电行业重点排放单位的碳排放管理人员和技术人员。培训内容包括全国碳市场建设总体考虑、国内政策与国际经验分享、相关文件解读、数据报送及监测、管理系统、企业履约和实操模拟等方面。

2019 年 11 月 27 日，生态环境部发布了《中国应对气候变化的政策与行动 2019 年度报告》。该报告指出，中国正在积极稳妥地推进全国碳排放权交易体系建设，完善制度体系建设、技术规范体系建设以及基础设施建设，并在能力建设方面开展了一系列工作。目前，主管部门已经起草了配额分配方案、发电行业配额分配技术指南，并积极推动相关配套制度的建设，包括制定重点排放单位温室气体排放报告管理办法、核查管理办法、交易市场监督管理办法等一系列制度性文件。同时，试点地区市场的建设还将继续完善，并推动国家核证自愿减排量（CCER）抵消机制的改革。该报告发布会中，生态环境部表示，期望在“十四五”期间基本建成制度完善、交易活跃、监管严格、公开透明的全国碳市场，实现全国碳排放权交易市场的平稳有效运行。

（二）工作开展计划

2020 年 1 月 7 日，生态环境部正式公布《关于做好 2019 年度碳排放报告与核查及发电行业重点排放单位名单报送相关工作的通知》，不同于往年，2020 年的通知下发得更早，甚至在 2019 年就已草拟完成并准备下发。究其原因，显然是为了让各省市主管部门和重点排放企业更早做好准备，按时完成数据报送和核查任务，为下半年的正式履约交易预留出充分的时间。通知的发布日期，充分彰显出主管部门启动碳市场的态度与决心，即全国碳交易势在必行。

根据通知要求，2013—2019 年任一年温室气体排放量达 2.6 万 t 二氧化碳当量或综合能源消费量约 1 万 t 标准煤及以上的电力行业等 8 个行业的企业，需要开展 2019 年度碳排放数据报告与核查及排放监测计划制定工作。

2020 年各省市主管部门对于碳核查工作的预算准备较去年相比更加充分，各省市 2019 年度碳核查工作将会在 2020 年上半年按时开展。按照通知部署，3 月 31 日之前，企业应完成碳排放报告报送，5 月 31 日前完成核查工作。

对于发电企业来说，一方面发电企业 2019 年度的核查结果将极有可能影响发电企业最终的履约交易，与企业实际利益挂钩；另一方面，核查机构要在 2～3 个月内完成全国碳核查任务，时间紧任务重，这也更加考验发电企业填写排放报告的数据准确性。

与 2019 年相比，通知附件 2 的《发电企业补充数据表》和《自备电厂补充数据表》的说明中均添加了“从 2020 年起，对于燃煤低位发热值缺省值将采用惩罚性缺省值”的要求。根据这一要求，如果发电企业燃煤低位发热量的检测不符合发电核算指南要求，将会被强制使用高限值。这对燃煤发电企业碳排放监测计划的实施提出了更高的要求，包括煤样的取样地点无误、检测方法正确、检测频率合格、计算方法合规等。

全国碳市场在经历过2019年加速推进后，2020年将进入启动交易的最后冲刺阶段。

目前，受新冠肺炎疫情影响，发电行业碳排放报送、核查等相关工作可能比预期延迟1～2个月开展。全国碳市场2020年工作流程计划如图4-7所示。

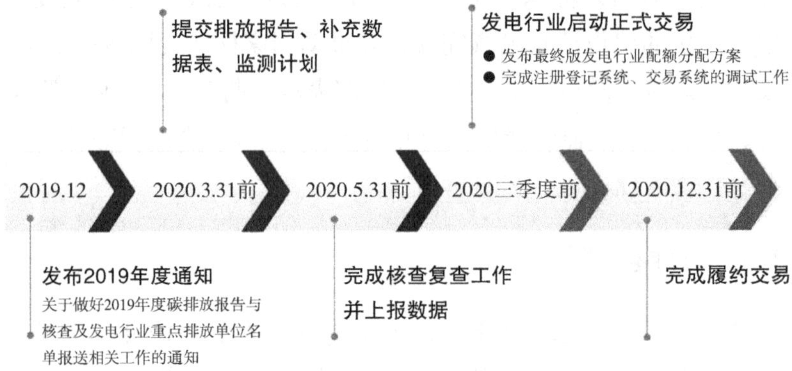

图4-7 全国碳市场2020年工作流程计划

（三）全国碳交易市场未来发展预期

综合来看，我国试点碳市场的市场表现差异性较大，这与各地能源消费结构、经济发展水平、政府监管力度等的差异有关。全国碳市场在建设阶段，应更加注重探索试点碳市场出现差异的原因，为完善市场机制设计和相关政策制定提供借鉴。

2019年基础建设工作尚未全部完成，全国碳市场模拟运行未能如期进行，国家生态环境部应协同相关部门继续推动出台《碳排放权交易管理暂行条例》和其他相关配额分配政策、履约管理政策、监管机制政策等，早日满足发电行业测试运行的条件。全国碳市场的总体部署不变，仍从电力生产和供应业起步，将分阶段逐步扩大覆盖的行业和降低纳入企业的门槛，以保证碳市场的效果、效率和公平性。争取在“十四五”期间扩大到石油加工及炼焦业、化学原料和化学制品制造业、非金属矿物制品业、黑色金属冶炼和压延加工业、有色金属冶炼和压延加工业、造纸和纸制品业、民航业等年综合能耗达到1万t标准煤的企业。覆盖的温室气体种类为二氧化碳，排放源类别不仅包括化石燃料燃烧产生的直接碳排放，也包括电力和热力使用的间接碳排放，这将在我国电力市场尚缺乏价格传导机制的情况下，促进电力消费部门节电与发电部门提效的联动，这也是我国碳市场设计有别于发达国家的一个特点。

碳排放权交易机制是一种通过市场机制配置碳排放权资源的重要途径，是低成本实现温室气体排放控制目标、促进经济发展、实现经济转型的重要举措。全国碳市场建设提出了明确的发展目标：2020 年完成发电行业碳市场首单交易，市场纳入 80% 重点排放单位，并逐步引入国家核证自愿减排交易。2021—2025 年碳市场将逐步纳入其余高排放行业，探索开展配额衍生品交易和配额有偿分配。

当前我国已经实现了 2020 年的碳强度在 2005 年的基础上降低 40%～45% 的减排目标，预计 2020 年之后，全国碳市场的配额将达到 33 亿 t，覆盖我国二氧化碳排放总量的 30% 左右。未来全国碳市场的顺利运行，将对我国实现二氧化碳排放在 2030 年之前尽早达峰这一目标，发挥积极促进作用。

四、用能权分析

（一）用能权交易市场分析

2018 年，浙江省、福建省、四川省、河南省试点的用能权市场均已正式启动了交易。4 个试点地区经过大量制度创新及实践探索，用能权有偿使用和交易均取得了积极进展。对 4 个试点省份的用能权市场建设情况开展对比分析发现，各省市做法上存在一些明显“地域特征”，如在用能权市场建设方面，由于经济、环境、产业结构的不同，各试点省份结合各自特点开展了区域性的特色尝试。

1. 政策体系

4 个用能权交易试点市场的政策体系见表 4-10。

表 4-10　各试点用能权市场的政策体系对比表

序号	试点区域	制度体系框架
1	福建	建立了“1+1+7+n”制度体系： 1 个管理办法 1 个实施方案 7 个配套细则 9 个行业核算指南 +1 个交易规则
2	浙江	3 个管理方法 1 个实施方案 8 个技术规范
3	四川	1 个管理办法 2 个实施方案 配套管理制度

序号	试点区域	制度体系框架
4	河南	"1+4+n"的交易体系制度模式： 1 个实施方案 4 项基础制度

从表 4-10 中对比可以看出，对于用能权政策体系建设，各个省市均出台了顶层设计文件，其中福建省在政策体系建设方面最为细致，前后共计出台了 19 份指导文件。

2. 系统建设

4 个用能权交易试点市场的系统建设情况见表 4-11。

表 4-11　各试点用能权市场的系统建设对比表

序号	试点区域	系统建设
1	福建	3 大系统平台： 用能权交易信息管理与报告在线系统——为企业进行用能数据报送及第三方审核提供支撑； 用能权交易注册登记平台； 用能权交易系统——交易主体在交易系统进行指标买卖，与注册登记系统实现互通
2	浙江	1 平台 +3 系统： 省级平台——监管、统计、监测；市县级平台——实施具体交易，跨区域交易在出让方所在地交易； 资金清算系统； 实时交易监管和统计系统； 交易双方实时用能监管系统
3	四川	"1 库 +2 平台 +3 系统"： "1 库"为能源发展大数据分析库； "2 平台"为重点用能单位能耗在线监测平台和环境资源合同管理综合服务平台； "3 系统"是指注册登记系统、在线交易系统及重点用能单位能源消费报送系统
4	河南	全省公共资源交易服务平台和公共资源交易在线监管平台的数据对接工作，并率先将用能权交易放在河南省公共资源交易中心

通过表 4-11 可以看出，在用能权市场交易系统建设方面，各个省市都建立健全了自己的平台系统，为今后用能权市场发展做好了充分的支撑工作。

3. 覆盖行业与纳入门槛

在选择纳入交易企业方面，各个试点省份都具备各自的特点。

浙江省将所有行业中单位工业增加值能耗高于全省"十三五"控制目标，即每万元产值能耗0.6 t标准煤的企业，全部纳入用能权市场。规定符合上述条件的新增用能量、新增用能指标达到规模以上企业，通过淘汰落后产能、压减过剩产能腾出的用能空间、节能技术改造等产生的节能量纳入用能权交易范围。同时将用能存量规模以下企业，经过淘汰落后产能、压减过剩产能腾出的用能空间逐步纳入交易范围。探索建立以增量带动存量的模式，明确了购买方为能耗高的新增用能项目，在一定程度上有利于用能权交易试点工作的推进。

其他试点省份纳入用能权交易企业，多以行业划分。将重点用能行业，达到一定用能规模门槛的企业纳入用能权交易范围，其中包括增量和存量企业。福建用能权市场陆续将发电、水泥制造、炼钢、原油加工、合成氨、玻璃、铁合金、电解铝、铜冶炼9大行业中，年均综合能耗超过5 000 t标准煤的企业，纳入用能权交易范围。四川省试点第一阶段将钢铁、水泥、造纸3个行业，年综合耗能超过1万t标准煤的企业纳入用能权市场中，在后续运行中逐步扩大至6个行业，交易产品包括用能权指标、基于项目的核证节能量、经核发的水电和分布式光伏发电绿色证书、经核发的可再生能源电力绿色证书等。河南用能权市场建设仅选取了郑州、平顶山、鹤壁、济源4城市作为试点城市。河南省将4个试点城市的有色、化工、钢铁、建材等重点行业年耗能在5 000 t标准煤以上的用能企业，纳入试点范围。根据试点实施效果，2020年将试点范围扩展到全省年耗能5 000 t标准煤以上的用能单位。

4个用能权交易试点市场的覆盖范围及纳入门槛见表4-12。

表4-12　各试点用能权市场的覆盖范围对比

序号	试点区域	覆盖范围
1	福建	发电（燃煤和燃气，不包含自备电厂）、水泥制造、炼钢、原油加工、合成氨、玻璃、铁合金、电解铝、铜冶炼9个行业年综合能源消费量达5 000 t标准煤及以上的用能单位
2	浙江	单位工业增加值能耗大于0.6 t标准煤/万元的所有行业企业，未纳入高耗能行业缓批限批范围的新建、改建、扩建新增用能项目
3	四川	钢铁、水泥、造纸、陶瓷、化工（仅合成氨）及白酒6个行业中年综合耗能1万t标准煤以上的企业纳入市场
4	河南	郑州、平顶山、鹤壁、济源的有色、化工、钢铁、建材重点行业年耗能5 000 t标准煤以上的用能企业纳入试点范围

4. 交易主体

目前，福建、四川、河南3省用能权试点市场的交易主体均以企业为主。四川省试点的交易主体为用能单位（重点用能单位、非重点用能单位）、投资机构与其他市场主体。浙江省先期是企业与政府交易为主，运行成熟后实现企业与企业、企业与政府、政府与政府之间用能权交易。见表 4-13。

表 4-13　4 省份用能权市场的交易主体对比

序号	试点区域	覆盖范围
1	福建	纳入试点的用能单位，鼓励符合条件的企业法人自愿参与
2	浙江	先期是企业与政府交易为主。成熟后企业与企业、企业与政府、政府与政府之间
3	四川	重点用能单位、投资机构市场主管部门
4	河南	重点用能单位、自愿参与履约单位

5. 纳入交易企业数量

在纳入企业数量方面，四川省用能权交易市场容入企业数目最多，首批 110 家，第二批 76 家，共计 186 家。福建省采用动态名单制，初期纳入企业数目为 95 家，之后又纳入企业 100 家。河南省公布首批纳入交易市场的企业名单共计 95 家。而浙江省的交易机制与其他 3 省不同，仅针对新增产能，因此在纳入企业数量层面不具有可比性。用能权试点市场的纳入企业数如图 4-8 所示。

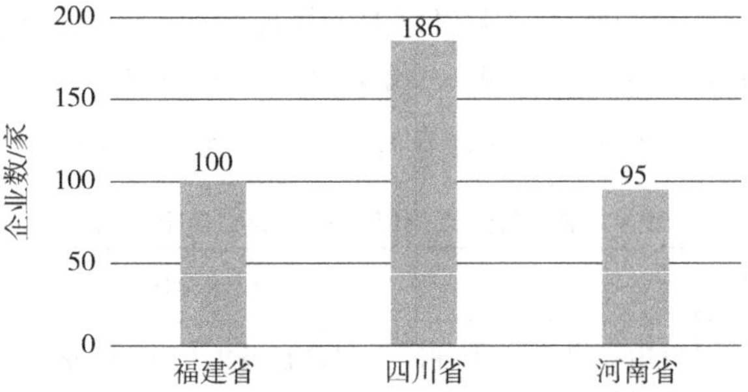

图 4-8　试点省份用能权市场的纳入企业数对比

（二）用能权确权及指标分配

福建、河南等试点地区在用能权确权和指标分配方面，基本借鉴了碳排放权交易的制度安排和经验做法，主管部门首先明确用能权指标，或用能权配额的总量，然后确定具体分配方法，按照历史总量法、基准线法、历史强度下降法等指标分配。一般采取免费和有偿相结合的方式，初期以免费为主，适时引入有偿分配。各试点省份在具体的指标总量构成和分配方法上存在差异。如浙江省，按照全省用能权确权技术规范要求，对试点企业新增能耗指标、淘汰落后产能、压减过剩产能腾出的能耗指标、节能量指标进行确权，规定出让的用能权指标确认，需经第三方审核机构审核。淘汰落后产能和压减过剩产能腾出的用能量、企业通过节能技术改造等方式产生的节能量也必须经第三方审核机构审核。第三方审核机构是县级以上人民政府节能主管部门委托的单位。

在用能权指标分配方面，四川省采用免费分配和有偿分配相结合的方式，主管部门预留出部分指标用于有偿分配和市场调节；河南省采用初始指标免费发放形式，并分两次完成发放，最后企业用能总量按照多退少补方式完成履约；福建省与四川省相似，主管部门同样在发放指标时预留部分指标用于市场调节。4 个试点省份用能权市场的具体情况如下。

（1）浙江

用能权确权：初始，按照用能权确权技术规范对试点企业新增能耗指标、淘汰落后产能、压减过剩产能腾出的能耗指标、节能量指标进行确权。新增用能量按照节能审查意见确定，鼓励使用可再生能源，新增用能企业自产自用的可再生能源量，经第三方核定后可抵扣新增用能指标。淘汰落后产能和压减过剩产能规模以上企业用能权，在不高于有关部门核定的用能指标前提下，通过近 3 年统计部门公布的企业实际用能量方式确定。通过节能技术改造方式产生的节能量，一律采用第三方机构审核等方式确定。

用能权分配：对纳入交易范围的新增用能量，均需通过用能权交易有偿获得用能权指标，不涉及用能权指标的免费分配部分。

（2）河南

用能权确权：根据全省经济社会发展、产业转型升级、能源消费总量和强度“双控”目标、煤炭消费减量目标等因素，综合确定用能权配额总量。配额总量由实发配额和预留配额两部分组成。实发配额是采用历史总量法或产量基准线法，对稳定运行一年以上的重点用能单位分配的配额。预留配额是用于新增产能和市场调节的配额。

用能权分配：初始配额分配，以免费分配方式为主。根据用能权试点工作情况，适时引入有偿分配方式，并逐步提高有偿分配的比例。

（3）福建

用能权确权：在设定行业指标总量和分配用能权指标时，区分总量控制行业和非总量控制行业，以及既有产能和新增产能。

分配既有产能指标时，对于产品单一、单位产品能源消费量横向可比的行业，优先使用行业基准法分配用能权指标。

实行总量控制企业，一般在水泥等市场化程度高、新增产能少的企业率先实施。

一是产品和生产工艺流程较为复杂的行业，采用企业历史能源消费总量分配用能权指标。

二是新增产能，在采用历史法与基准法的基础上，综合考虑固定资产投资项目中的设计产能、行业实际平均产能利用率，来分配其用能权指标。

对于暂不具备总量控制条件的行业，企业履约能权指标，可采用实际产量用能量分配使用。如电力行业受固定电价和电量计划等原因，不能使用总量法。

企业用能权采用基准法实施，如水泥制造行业，一般采用基于历史产量确定的用能量。火力发电行业采用履约年度产量的基准法。

其他纳入行业的企业用能权采用历史总量法进行指标分配。

用能权分配：福建省用能权指标先期以免费为主，适时引入有偿指标。

（4）四川

用能权确权：在初期试点阶段，采用基准值法和历史强度下降法用于企业用能权确权。四川省主管部门以国家发布 106 项产品的单位产品能源消耗限额标准，与行业“能效领跑者”的能耗指标为基础，结合能源消费量核查结果，研究制定相关行业的单位产品能耗的基准值。根据每年企业的产品产量和单位产品能耗基准值确定企业年度用能权指标。对于产能过剩行业以及新增产能的企业，用能权指标可以过紧，一般采用行业先进值确权考核。对于需要扶持的行业，用能权指标适当宽松，一般采用行业准入值确权。所核定的用能权指标由非清洁能源和清洁能源组成。

省用能权交易主管部门按照相关规则，每年通过注册登记系统，向重点用能企业发放用能权指标。重点用能企业获得用能权指标后，缺失或富裕的指标可以通过交易系统进行交易，一年后对重点用能单位的用能权指标进行清算。重点用能单位对于结余的用能权指标通过交易实现收益，超过用能权指标的企业必须在规定时间内通过购买用能权以完成其能源使用指标。

用能权分配：用能权指标实行免费分配和有偿分配相结合的方式进行，试点初期以免费分配方式为主。

4 省份指标分配方法见表 4-14。

表 4-14　4 省份用能权市场的指标分配对比

序号	试点区域	指标分配情况
1	福建	用能权指标初期采用免费分配。指标总量由既有产能指标、政府预留指标两部分组成。用于市场调节和新增产能指标发放等，占履约年度用能权指标总量的 10%
2	浙江	按照全省统一的用能权确权技术规范对试点企业新增能耗指标淘汰落后产能和压减过剩产能腾出的能耗指标、节能量指标进行确权。新增节能量按照节能审查意见确定

序号	试点区域	指标分配情况
3	四川	用能权指标实行免费分配和有偿分配相结合的方式，试点初期以免费分配为主。用能权交易主管部门建立市场化的调节机制，并预留部分用能权指标用于有偿分配及市场调节
4	河南	用能权初始指标实行免费分配方式。年度指标分 2 次发放，预发指标为发放总量的 60%，次年完成能源消费量审核后，按照经确认的履约年度实际产量进行核定，多退少补

（三）展望

可以看出，在用能权市场建设方面，试点省份出台并完善了管理办法、实施方案、配套细则等制度体系，建立健全了用能权使用原则，确定用能权交易的管理平台，开发了交易系统，为交易的顺利开展奠定了基础。

试点省市用能权实践的区别在于，交易机制上的设计存在偏重或差异。4 省份在用能权交易范围、主体、产品、价格、指标、分配等，根据区域特点进行了不同方向的探索。所有相关工作都是为用能权市场 2020 年后，在全国范围内推广做前期准备。做着不同方向的尝试。

浙江省是最早开始用能权有偿使用和交易改革探索的地区，体制设置具有创新性。如浙江省在增量交易中，交易的申购方为单位工业增加值能耗高于全省“十三五”控制目标，且未纳入高耗能行业缓批限批范围的用能项目；出让方的用能权指标来源于淘汰落后产能、企业节能技改的当年新增的用能权指标。其指标通过交易，交易双方一方得到用能权指标，一方获得收益，双方满意。

其他 3 个省份则是根据行业和企业能源消费总量来确定参与用能权有偿使用及交易的范围。福建省注重历史数据报告，审核和系统平台建设；河南省构建了“1+4+n”的交易制度体系；四川省加强组织领导和支撑体系建设，探索用能权有偿使用和交易试点工作。

另外，对未进入试点省份的湖北省和江西省的用能权市场探索及实践进行调研。发现湖北省政府并未发布用能权市场相关建设文件，但所属宜昌市率先发布了《宜昌市用能权有偿使用管理办法（试行）》，试水的首单用能权已于 2018 年进行了交易。而江西省发布了《江西省用能权有偿使用和交易制度试点实施方案》及《江西省用能权有偿使用和交易管理暂行办法》，其他相关管理细则也正在研究起草，用能权注册登记系统和指标交易系统开发工作正在稳步推进，但是未启动用能权交易。

（四）用能权市场发展思路

调研中发现“用能权交易”在国内外的理论与实证研究中仍是缺乏的。与用能权制度类似的资源环境交易制度包括排污权、碳排放权、水权交易等，在国内外均有理论和实践经验。而用能权制度在国外还没有先例。我国关于用能权的研究多处于理论研究的起步阶段，而且是源于国家政策层面的研究，如《用能权试点方案》指出，试点地区应依照国家下达的能源消费总量控制目标，结合本地区经济发展水平、所处阶段、产业结构形态、节能潜力与要素禀赋等因素，合理确定各地区能源消费总量控制目标，并在能源消费总量的动态约束下开展企业初始用能权分配。

虽然 4 个试点区域在用能权交易的试点过程中开展了符合各自区域特点的创新和实践，但在实际操作中也遇到了许多的问题与困难，开展过程并不顺利。用能权交易在实践中遇到挫折，究其原因在于没有正确制度的指引，用能权交易所遇到的问题亟待制度的回应。

根据各试点市场存在的难点及共性问题，经研究提出思路。

（1）对用能权指标分配。企业初始用能权分配需要考虑的指标主要来自两个维度，一个是地区维度，包括地区能源消费总量、地区经济发展水平、地区能源禀赋等；另一个是企业维度，包括企业所属行业、企业自身是否为过剩产能企业、企业历年的能源消耗水平、企业是否为高耗能产业。而在机制设计方面，为兼顾公平和效益，可从以下几方面着手。

①完善用能权的法律、法规、政策、制度体系。需要从立法角度明确用能权的参与主体、监管责任以及违法的惩罚措施等，使得用能权的推行有法可依。同时制定配套的政策法规、实施细则，抓好顶层设计。

②建立全国统一的用能权监测、报告、核查、交易的技术平台，培育第三方服务机构；可借鉴碳排放权交易的做法，建立全国统一的技术平台，共同解决问题。同时培育第三方机构，建立强有力的技术支撑和协作机制。

③减少政府对于市场的直接干预。在市场培育充分和条件成熟后，政府需要减少对市场的直接干预，尊重市场，充分利用市场本身的调节机制。

④循序渐进，动态调整指标分配方案。在市场建立初期，可以免费发放指标为主，随着市场逐步发展和成熟，应加大指标有偿发放的比例。以营造更为公平的市场环境，更有力地提高企业节能减排的积极性。

（2）用能权数据质量和技术支撑体系。

高质量的用能数据是用能权有偿使用和交易的基础，要建立完善的用能权监测、报告、核查技术体系，即 MRV 技术体系，保证企业用能数据的准确。可从以下 3 个方面开展工作。

一是做好 MRV 技术体系顶层设计。在政策法规层面明确 MRV 的法律地位、相关方的权力和义务、惩罚约束机制等；在管理层面做好运行评估完善机制设计、能力建设、组织和资金支持要求；在技术层面做好标准规范的统筹规划。

二是做好 MRV 技术体系的落地、完善。建议国家统一制定用能数据核算标准、指南和操作细则，统一明确用能数据报告格式，统一建设用能数据报送信息系统。

三是考虑建设相关交易配套支撑信息系统。例如用能权注册登记簿系统，主要完成用能权分配和签发、清缴等工作；用能权交易系统，主要用于企业用能权交易。

（3）优化用能权交易制度，做好与碳排放权交易的衔接。

用能权交易的基础是能源消费总量控制，属于前端把控。碳排放权交易的基础是碳排放总量控制，属于末端把控。但鉴于燃料消耗量和碳排放量之间具有相互换算的关系，两者实际上测算的是同一个指标。

随着全国碳市场的启动，企业将会面临同时在两个市场监管下完成交易，双重管制会增加企业负担，挫伤企业参与节能减排的积极性，与设立环境权益市场的初衷不符。因此，监管部门在机制设计中应充分考虑该问题，做好对两个市场的监管协调工作，明确用能权交易与碳交易之间的关系，对纳入两个市场中的企业如何进行转换和抵扣等作出规定，最大限度避免增加企业负担，提高企业参与市场交易的积极性。

（4）构建公开透明的用能权市场。

监管部门需要制定科学的用能权确权方案，规范企业报告要求以及第三方审核技术要求，确保审核工作独立性、客观性和公正性，保障市场公平。同时，市场信息应该公开，确保透明性，接受公众监督。只有全力构建公开透明的市场，才能构建公平竞争的市场环境，促进企业进行转型升级。

（5）加强利益相关方的能力建设。

用能权交易属于新兴的市场理念，国际国内可参考的成熟经验较少，这方面的人才也较稀缺。而交易涉及的利益相关方较多，既有政府和相关企业，也有进行审核、核查的第三方机构，任一环节出现纰漏都会影响市场的良性运行。因此应定期对利益相关方进行能力建设，使政府相关人员具备市场运行背景知识和能力，保证制度设计的合理性；履约企业相关人员具备相应操作能力，可保证市场的顺利运行；第三方核查机构人员具备核查资质和能力，保证核查的公允性和专业性。

（6）逐步完善市场机制设计，增加交易活跃度。

在市场成熟的情况下，主管部门逐步完善机制设计，增加交易活跃度，让用能权融资工具和金融产品创新在市场具有发展的空间。推动用能权及未来收益权成为合格抵押、质押物，降低合规风险，鼓励金融机构进行用能权抵押、质押等融资工具探索，为节能先进企业提供更多融资渠道。

总的来说，用能权交易市场的建设，国家主管部门需要不断总结国内各试点省份有效的经验做法，从用能权指标分配模式、交易价格形成机制、登记系统建设标准、交易平台建设运行模式等方面制定一套较为完备的操作规程或工作指南，在全国建立统一规范的核算方法、交易规则、交易平台。避免因跨区域、跨行业、跨时段等因素产生的冲突及公共资源的浪费，逐步在全国推广并建立高效、实用的用能权交易体系。

五、用能权交易和碳排放权交易协同机理

从发展趋势看，全国能源消耗总量和碳排放总量仍将在一段时期内维持上升趋势。无论是资源禀赋的现实约束，还是对全球应对气候变化和环境治理的责任担当，都要求我国探索出行之有效的能耗和碳排放管控机制。

用能权交易与碳排放权交易是典型的市场交易型政策工具，但两者也存在着明显区别。由于政策目标不同，用能权交易是基于能源要素投入错配假设，本质上提高了供给侧的资源配置效率。而碳排放权交易则是基于产出配置失衡假设，从本质上改善了需求侧的分配不均衡问题。如果将这两类政策工具组合使用并形成协同效应，理论上可以更好地实现节能与二氧化碳减排目标，并有效提高资源的配置效率。

（一）“两权”交易核心要素的对比分析

用能权交易和碳排放权交易作为市场交易型政策工具，两者在体系设计和核心要素上既有相似之处又有明显区别。

1. 覆盖范围

碳市场方面，各试点省份碳市场均以行业划分，但规定纳入的行业范围各有不同，京沪深 3 个试点区域纳入服务业的比重较大。而湖北和广东试点区域纳入工业企业的比重较大。从纳入企业的门槛上看，北京和深圳试点区域纳入门槛最低，碳排放量分别是 5 000 t CO_2e 和 3 000 t CO_2e，其他试点区域均在 5 000 t CO_2e 以上。从国家层面看，按照《全国碳排放权交易市场建设方案（发电行业）》的要求，全国碳市场初期仅纳入发电行业年综合能耗在 1 万 t 标煤以上的企业。

而在用能权交易方面，除了浙江省明确规定了将单位工业增加值能耗高于 0.6 t 标准煤 / 万元的新增用能量纳入试点范围外，其他试点地区与碳市场类似，

多以行业划分，且将行业内达到一定用能规模，即每年能源消耗均达到或超过 5 000 t 标准煤的重点用能单位纳入交易范围。

2. 配额或指标分配机制

在碳排放配额分配方面，各区域碳市场的配额分配综合采用了基于历史排放总量、历史排放强度、基准线法等不同分配方法。初期的配额发放以免费发放为主，广东、上海、湖北等碳市场曾进行过一次或多次拍卖。在全国碳市场层面上，按照目前最新公布的配额分配方案，发电行业根据燃料种类和装机规模分别确定不同的基准线对履约企业的初始配额进行分配，并免费发放给企业。

在用能权市场，除浙江省之外，福建、河南等试点地区的用能权指标分配机制与碳交易类似，主管部门首先明确用能权配额、指标的总量和分配方法，规定对于既有产能，依据用能企业历史能源消费量数据，采用基准法或历史法核定其用能权指标；对于新增产能，产品单一或高耗能行业采用基准法，其他行业依据固定资产投资项目节能审查意见核定用能权指标。分配采取免费和有偿相结合的方式，初期以免费为主，适时引入有偿分配。

（二）MRV 机制

碳市场的 MRV 机制相对比较明确清晰，企业及第三方核查机构均需按照国家主管部门公布的各个行业的温室气体排放核算和报告标准及指南进行碳排放数据的统计与报送，第三方核查机构按照核查指南对数据的准确性和报告的规范性进行核查。

用能权市场方面，各试点地区也都建立了重点用能单位的监测报告核查机制，由第三方审核机构对用能单位进行能源消费审核，并定期向主管部门报送。

（三）履约及交易机制

在碳市场履约及交易制度层面，各试点碳市场虽然在具体规定上存在差异，但均制定了较为明确的履约及交易细则，交易方式上都设定了公开交易和协议转让两类交易方式。

由于用能权市场还处于试点阶段，各地区的交易制度尚未完善。福建、河南等试点地区明确交易主体为用能单位，规定了用能单位每年应在一定的时间内，足额缴纳与上一年度用能量等额的用能权指标来履行清缴义务的履约机制。

（四）法律基础及监管

在法律基础和市场监管方面，无论是碳市场还是用能权市场，各试点地区的运行均以地方政府令作为政策基础，立法层级较低，法律效力较弱，政策约束力参差不齐，缺乏有力的国家法律法规作为后盾。碳市场方面，国务院有关部门正在推动《碳排放权交易管理暂行条例》（以下简称《管理条例》）的正式出台。《管理条例》出台后将作为中国碳市场建设的立法基础，是全国碳市场平稳运行的有力保障。而用能权市场在国家顶层制度设计方面还缺乏法律保障。

上述对比不难看出，“两权”交易制度设计的核心要素存在相似之处，如市场机制的核心要素均涵盖覆盖范围、初始配额、指标分配、MRV 机制、履约与交易机制、法律监管和基础支撑系统等方面。从具体的管理架构上看，“两权”交易也有相似之处，即管理架构均为国家主管部门和省级地方主管部门两层管理架构。

（五）用能权交易与碳排放权交易的协同机理

因用能权交易和碳排放权交易市场存在政策效力间的互补价值和协同效应，其协同机理主要体现在以下几方面。

1.“两权”交易产生背景具有相似性

无论是用能权交易还是碳排放权交易，其产生的背景都是基于资源约束趋紧、环境污染严重、生态系统退化的严峻挑战，在推动生态文明建设推行“五位一体”总体布局的大背景下应运而生。党的十八届五中全会强调，要建立健全用能权、用水权、排污权交易、碳排放权初始分配制度。

从现代经济学原理来看，用能权交易与碳排放权交易也有相似之处，其本质是通过产权界定的方式来处理能源消费中的外部性问题，产权界定来源于科斯 20 世纪 60 年代提出的产权理论，即将相关的环境权益予以明确并赋予企业，然后建立权益交易市场。从本质上看，两者都是为资源节约、环境保护目的而进行的尝试，目的是通过市场化的手段解决稀缺资源的配置以及能源生产消费活动的外部性问题。

因此，用能权交易和碳排放权交易的产生，都根源于积极响应我国生态文明建设、转变经济发展方式、体制机制创新的号召，着力实现全面深化改革的生态目标，推进供给侧结构性改革，助推我国《巴黎协定》自愿减排承诺实现的政策背景。因此相似的政策背景是开展“两权”协同的基础。

2.“两权”交易具有同源性

与发达国家相比，由于其已经处在后工业化阶段，其一次能源结构中可再生能源、核能等不产生碳排放的能源形式占比较高，因此能源消费与碳排放之间并没有稳定的对应关系。而我国正处在工业化快速发展期，一次能源长期以化石能源为主，处在环境污染、能源消耗的高峰期，企业用能还将长期处于高位，工业能耗产生的二氧化碳等温室气体排放的占比最大，一直是我国第一大排放源。因此，在现阶段我国用能和碳排放两者之间具有同源性，这是我国目前处在的经济社会发展阶段所决定的，也是“两权”交易开展协同的前提条件。

3.“两权”交易政策目标具有一致性

我国政府于2015年6月30日向联合国提交的《强化应对气候变化行动—中国国家自主贡献》（INDC报告）中明确提出，中国政府根据自身国情、发展阶段、可持续发展战略和国际责任，确定了到2030年的碳排放自主行动目标，即二氧化碳排放于2030年左右达到峰值并争取尽早达峰；单位国内生产总值二氧化碳排放比2005年下降60%～65%，非化石能源占一次能源消费比重达到20%左右等。2016年11月国务院印发的《“十三五”控制温室气体排放工作方案》要求到2020年，单位国内生产总值二氧化碳排放比2015年下降18%，碳排放总量得到有效控制，大力推动我国二氧化碳排放于2030年左右达到峰值并争取尽早达峰。而国务院在2017年1月印发的《“十三五”节能减排综合工作方案》中也明确提出，到2020年全国万元国内生产总值能耗比2015年下降15%，能源消费总量控制在50亿t标准煤以内。2020年9月22日，习近平总书记在第七十五届联合国大会一般性辩论会上提出，中国将提高国家自主贡献力度，采取更加有力的政策和措施，二氧化碳排放力争于2030年前达到峰值，努力争取2060年前实现碳中和。围绕落实最新提出的二氧化碳达峰目标与碳中和愿景，我国“十四五”阶段主要工作包括：组织编制“十四五”应对气候变化专项规划；制定二氧化碳排放达峰行动计划；全面加强生态环境系统能力建设，提升环境监测、综合执法等队伍装备和技术保障水平等。可见，无论是从中国国家自主贡献（INDC）目标、还是国民经济和社会发展五年计划所规定的相关约束目标，在控制碳排放和能源消耗方面都体现了高度统一的一致性。

由上述分析可以看到，“两权”交易作为市场化政策手段均强调促进经济提质增效、节能减排，都是坚持政府主导、市场化运作，遵循公开、公平、公正和诚信原则，通过市场激励手段来实现经济社会的可持续发展，推进供给侧结构性改革。以制度突破、机制创新、模式探索为重点，发挥市场在资源配置中的决定性作用的创新机制，具有相似的政策背景，“两权”交易协同的前提条件和基础基本具备。

（六）“两权”交易协同的难点与挑战

虽然“两权”交易在很多方面具有一定的相似性，且从本质上讲，“两权”交易同属市场机制。其中，碳排放权市场是以碳配额或碳信用作为交易产品，交易价格反映温室气体排放这类环境权益的经济价值和供需关系。用能权市场的交易产品是用能指标，价格也直接反映了能源消费的供需关系。

但这两类市场化机制的政策目标并不完全一致，交易标的物及其核算范围不同，如何实现“两权”交易协同，在哪些领域可开展前期探索，进一步制定某种互认或转化机制来实现“两权”协同，还存在不少难点与挑战。

（1）“两权”在机制设计的细节方面差异明显，尽管“两权”交易在制度设计和架构方面有相似之处，但仔细研究后不难发现二者在机制设计的细节方面存在明显差异，协同有一定难度。主要体现在以下几方面。

①着眼点和侧重点不尽相同。用能权交易与碳排放权交易虽同属于市场交易型政策，但却是两类不同的政策工具。用能权交易聚焦能源使用，以优化能源结构、提高能源使用效率等新理念来间接抑制温室气体的排放，该制度具有源头治理的特性，符合治本需求。碳排放权交易则直接地关注、控制大气中温室气体的浓度，基于排放量买卖排放配额以完成企业和国家的减排目标，体现了末端治理的特征。

②复杂程度不同。碳排放交易市场经过多年的试点工作，其制度建设上更加完善，复杂程度较高。仅在配额分配环节，不同行业就面临不同的分配方法。而用能权交易在制度设计方面相对简单。如单纯按照各个环节进行比较容易出现“错位”现象，如交易价格的确定、交易主体等，导致“两权”协同的基础并不一致。

③核算边界范围不同。在 MRV 机制设计上，用能权是考核企业在生产活动中实际消费的各种能源的净消费量，包括一次能源、二次能源以及耗能工质消耗的能源，统计范围包括生产系统和辅助生产系统。碳排放权既考核企业能源消费活动过程又考核工业生产过程中的温室气体排放总量，统计范围包括主要生产系统、辅助生产系统和附属生产系统，范围更全面细致。核算边界范围、计算口径不同，导致数据来源不一致，增加衔接的难度。

（2）“两权”交易发展阶段不同，用能权发展方向仍未明确。

从“两权”交易发展演变的历史来看，用能权交易制度在国外没有先例，是由我国最早提出的一种创新节能政策。2014 年我国在《生态文明体制改革总体方案》中首次提出用能权交易，属世界首创。2016 年国家发展改革委发布《用能权有偿使用和交易制度试点方案》，正式开展用能权有偿使用和交易试点工作。从实施情况看，截至 2020 年 5 月，4 个试点省份还在各自开展试点工作，并未向其他地区进行推广，目前全国层面上用能权交易的制度设计和实施路线图尚未明确。相比较碳排放权交易更为成熟，发展方向比较明确。2011 年，国家发展改革委发布《关于开展碳排放交易试点工作的通知》中确定试点省市。2013 年起正式开展试点工作，试点地区为推动碳市场的顶层设计和地方实践积累了丰富的经验教训，并且为完善全国碳交易发展的关键要素提供了有力支持。2017 年 12 月 19 日，我国宣布正式启动全国统一碳排放权交易体系，2020 年年底前发电行业正式开始履约和交易工作。

因此，“两权”交易所处的不同发展阶段及不同的发展成熟度也给两者协同发展增添了不确定因素。

（3）“两权”交易主管部门不同，缺乏协调机制。

经过国务院机构改革，当前用能权交易和碳排放交易分属不同主管部门，不同主管部门间的资源和信息并未完全实现共享，缺乏系统性统筹协调。而且由于目前用能权交易尚处于试点阶段，省级主管部门的职责较重，灵活度较高。而碳排放权交易则是国家主管部门负责构建政策框架和制度设计，省级主管部门主要负责具体执行。主管部门各异及职责分工不同造成的沟通协调障碍也给“两权”交易协同增加了困难。

但总体来说，尽管存在一定的障碍，但无论是从控制目标，还是从参与对象和操作手段方面来看，碳交易与用能权交易之间仍存在内在的关联性。例如，碳交易手段会促使高排放企业提高能效并改用低碳能源，而用能权交易对能耗的控制也自然实现了对碳排放的减少。因此，现阶段进行“两权”交易协同的探索研究十分必要，但由于两类市场在我国都尚处在试点阶段，两者的协同问题无论在理论上还是实践中都亟待探索其切实可行的实现路径，“两权”交易协同具有漫长性、复杂性和阶段性特点。

六、用能权和碳排放权协同机制研究

基于分析，针对“两权”市场的制度设计和运行实践，重点在“两权”交易配额分配和 MRV 领域的协同机制方面展开研究，并就市场运行过程中的履约机制、市场交易以及立法和监管执法等方面开展“两权”市场协同协调机制的研究。

（一）配额分配机制协同

在现阶段，用能权配额、指标和碳配额，实施初期均以免费分配方式为主，这代表了政府初步授予企业的用能和碳排放权利。两者在理论上具备一致性。而从法理上来看，一旦企业具备了足够的用能权配额、指标，就可以合法地行使配额范围内的用能权利，这和碳配额的内涵及意义是一致的。

1. 协同基础

因全国用能权市场并未开启，从各用能权试点地区公布的配额分配机制来看，对于电力、建材（水泥）等生产流程和产品较为单一的行业，配额、指标的确定基本都采用单位产品基准线法。作为典型代表，我们选取福建省用能权市场，以电力行业和水泥行业用能权操作实例做分析，从配额、指标、分配方法、分配程序等方面开展深入对比，提出可能的协同方式。

（1）电力行业。

用能权方面：按照福建省《2019 年度用能权指标分配方案》，火力发电行业，依据指标方案分配方法确定的各用能单位指标累计量为火力发电行业用能权指标总量。故而火力发电行业用能单位指标总量等于机组供电指标量和机组供热指标量之和。

电力行业的用能单位指标量是采用基于历史年度产品产量的基准值法，计算公式为

用能单位指标量 = 行业单位产品能源消费量基准值 ×2019 年度产品产量

其中，火力发电行业的能源消费量基准值指经修正的供电工业生产能源消费量强度基准值以及供热工业生产能源消费量强度基准值。

碳排放权方面：按照国家生态环境部《2019 年发电行业重点排放单位（含自备电厂、热电联产）二氧化碳排放配额分配实施方案》，发电行业重点排放单位指电力生产企业，包含热电联产、自备电厂，初期暂不纳入燃油发电机组，只包含燃煤电厂和燃气电厂。

电力行业的用能单位指标量是采用基于历史年度产品产量的基准值法，计算公式为

机组供电二氧化碳配额量 = 机组供电量 × 机组供电二氧化碳排放基准 × 修正系数

其中，配额预分配过程中，机组供电量使用 2018 年供电量数据，最终配额核实时，机组供电量使用 2019 年供电量数据。2019 年国家常规燃煤机组供电二氧化碳排放基准值为 1.015 t CO_2/MWh，2019 年国家常规燃煤机组供热二氧化碳排放基准值为 0.135 t CO_2/GJ。

电力行业用能权市场与碳市场配额（指标）分配机制对比见表 4-15。

表 4-15 电力行业用能权与碳市场配额（指标）分配机制对比

	用能权交易	碳排放权交易
政策依据	《福建省 2019 年度用能权指标分配方案》	《2019 年发电行业重点排放单位（含自备电厂、热电联产）二氧化碳排放配额分配实施方案》
配额（指标）总量	指标结构：2019 年，指标总量由既有产能指标、政府预留指标两部分组成。政府预留指标用于市场调节和新增产能指标发放等。 总量控制优先：先确定纳入行业的用能权指标总量，再进一步针对各用能单位进行年度用能权指标分配	二氧化碳（CO_2）排放配额包括化石燃料燃烧产生的 CO_2 排放和净购入电力所产生的间接 CO_2 排放两部分。 企业 CO_2 排放配额总量为核定的企业各类机组 CO_2 排放配额的总和

	用能权交易	碳排放权交易
配额（指标）分配	采用2019年度产量的基准法，公式如下： 用能单位指标量＝行业单位产品能源消费量基准值 ×2019年度产品产量 火力发电行业的能源消费量基准值指经修正的供电工业生产能源消费量强度基准值以及供热工业生产能源消费量强度基准值。火力发电行业用能单位指标总量等于机组供电指标量和机组供热指标量之和。 $A_{e,i}=Q_{e,i}\times B_{e,i}\times F_{l,i}\times F_{r,i}\times F_{fh,i}-E_{加工转换产出电力,i}$ $A_{e,i}=Q_{e,i}\times B_{e,i}\times F_{l,i}\times F_{r,i}\times F_{fh,i}-E_{加工转换产出电力,i}$ $A_{h,i}=Q_{h,i}\times B_{h,i}-E_{加工转换产出热力,i}$	燃煤机组的 CO_2 排放配额计算公式： 机组 CO_2 配额总量＝机组供电 CO_2 配额量＋机组供热 CO_2 配额量 机组供电 CO_2 配额量＝机组供电量 × 机组供电 CO_2 排放基准 × 修正系数 机组供热 CO_2 配额量＝机组供热量 × 机组供热 CO_2 排放基准 其中，2019年国家常规燃煤机组供电 CO_2 排放基准值为1.015 tCO_2/MWh，2019年国家常规燃煤机组供热 CO_2 排放基准值为0.135 tCO_2/GJ
配额（指标）分配程序	火力发电行业用能单位，采用2018年的产量进行计算，并发放计算结果的70%作为预分配指标；在完成用能单位2019年度综合能源消费情况数据审核后，采用2019年的产量核定最终指标量，并与用能单位预分配指标进行比较，多退少补	配额分配分为两大步，配额预分配和最终配额核定。 对于纯发电机组，配额预分配过程中，需要确定机组冷却方式、供电量，按机组2018年度供电量的70%，乘以国家常规燃煤机组供电 CO_2 排放基准值、冷却方式修正系数和供热量修正系数（实际取值为1），计算出2019年机组预分配的配额量。采用2019年的实际供电量核定最终核定的配额量，与预分配的配额量不一致的，多退少补

通过对比可以看到，一是两个市场涉及研究对象的覆盖范围基本相同，均是以燃煤和燃气为主的火力发电机组。二是配额（指标）分配方法均采用基于历史年度产品产量的基准值法。三是配额（指标）分配程序均是分配额预分配和最终配额核定两大步，其中，采用2018年的实际消费能源量或供电量计算并发放计算结果的70%作为预分配指标；在完成2019年度实际消费能源量或供电量数据审核后，采用2019年的数据核定最终配额（指标）量，与预分配配额（指标）进行比较，多退少补。这样分析和对比了解用能权和碳排放权市场的电力行业配额、指标在分配程序及分配方法方面的异同。

（2）水泥行业。

用能权方面：按照《福建省2019年度用能权指标分配方案》，水泥制造行业同样也采用基于历史年度产品产量的基准值法，计算公式为

用能单位指标量＝行业单位产品能源消费量基准值 × 历史产量 ×
产量控制系数

其中，行业单位产品能源消费量基准值已在《福建省 2019 年度用能权指标分配方案》中进行了明确。

碳排放权方面：从国家主管部门目前公布的分配方案中可以看到，水泥行业配额分配的计算公式为

水泥行业配额 = 熟料产量 × 单位熟料排放基准值

因全国碳市场的碳排放配额分配方法目前并未正式发布，碳市场水泥行业的碳排放配额方法基于 2017 年国家主管部门在江苏、成都开展组织电力、水泥、电解铝 3 个行业的碳排放配额分配试算的方案。水泥行业用能权市场与碳市场配额（指标）分配机制对比见表 4–16。

表 4–16 水泥行业用能权市场与碳市场配额（指标）分配机制对比

	用能权交易	碳排放权交易
政策依据	《福建省 2019 年度用能权指标分配方案》	2017 年电力、水泥、电解铝行业碳排放配额分配试算方案
配额（指标）分配方法	水泥制造行业采用基于历史年度产品产量的基准值法： 用能单位指标量 = 行业单位产品能源消费量基准值 × 历史产量 × 产量控制系数 水泥制造行业用能单位指标总量 = 用能单位熟料生产指标量 + 用能单位水泥粉磨指标量 用能单位熟料生产指标量等于熟料生产能源消费量基准值（2019 年取值为 0.107 5）乘以用能单位既有工段历史年份中熟料年产量最大值，即 2016—2018 年中（熟料产量 / 熟料强度等级修正系数 × 产量控制系数）的最大值； 用能单位水泥粉磨指标量等于水泥粉磨能源消费量基准值（2019 年取值为 0.004 203）乘以用能单位既有工段历史年份中水泥年产量最大值，即 2016—2018 年中（水泥产量 / 水泥强度等级修正系数 × 产量控制系数）的最大值	水泥行业配额分配公式： 水泥行业配额 = 熟料产量 × 单位熟料排放基准值 其中排放基准值取 0.853 4 t CO_2/t 熟料。 另外协同处理废弃物有配额核增项，废弃物处理量在 3 万～5 万 t 的配额核增 1%，5 万～10 万 t 的配额核增 2%，10 万 t 以上的配额核增 3%
配额（指标）分配程序	水泥行业用能单位的既有产能，依据对应行业指标分配方法的计算结果一次性发放当年指标。 新增产能的指标在完成 2019 年度综合能源消费情况数据审核后一次性发放	配额分配时以历史年的产量为基准，初始分配 50% 的配额，实际配额待核算出实际产量以后多退少补

对比水泥行业用能权市场和碳排放权市场在配额（指标）在分配程序及分配方法方面的异同，看到水泥行业碳排放配额的分配方式与用能权配额（指标）的分配方法采用的均为基准值法，计算方法基本一致。碳市场的碳排放配额分配时，以历史年度的产量为基准，初始分配 50% 的配额，实际配额待核算出实际产量以后多退少补。

对于水泥行业用能单位的既有产能，依据行业指标分配方法的计算结果，一次性发放当年指标。新增产能的指标在完成年度综合能源消费的情况下，数据审核后也采用一次性发放。

2. 协同方式探索

首先，从制度顶层设计着手，在国家主管部门及政策制定层面达成一致。因为电力及水泥行业在“两权”交易市场的配额（指标）分配方法均采用基准线法，计算方法具有相似性，一方面建议“两权”交易主管机构在制定各自的配额、指标分配方法时，在分配总量控制的前提下，尽可能采用相同的基准分配方法，使得同时纳入“两权”市场的管控交易主体可以将用能权交易的能耗消费指标通过转化系数转化成碳排放配额；另一方面对既有设施、新增设施在“两权”市场进行配额（指标）分配时采用同样的计算方法和分配比例，使得“两权”交易市场的配额调整可以同步进行。

其次，从配额分配程序入手，“两权”市场可采用相同的配额分配程序，采用同一基准年或基准区间年度的数据，采用同样比例开展预配额（指标）分配和调整配额（指标）分配等。

（二）MRV 机制协同

1. 协同基础

MRV 数据作为配额（指标）分配的主要依据，也是讨论用能权市场与碳排放权市场开展协同的重要基础。经过分析火力发电行业和水泥行业“两权”交易市场在 MRV 机制设计方面的异同，从政策依据、核算边界、核算范围、核算方法、监测数据、数据及来源等方面深入研究对比分析，再提出可能的协同方式。现选取福建区域市场作为用能权交易的研究对象。

（1）福建火力发电行业用能权交易与碳排放权交易机制对比。

表 4 17 以火力发电行业为例对福建用能权交易和碳排放权交易进行了对比。

表 4–17　福建火力发电行业用能权交易与碳排放权交易的机制对比

	用能权交易	碳排放权交易
相关政策	《火力发电企业综合能源消费量核算与报告指南》 《福建省用能权交易能源消费量报告管理办法》 《福建省用能权交易能源消费量审核机构管理办法》 《福建省用能权交易能源消费量审核指南》	《碳排放交易第三方核查机构管理办法》 《福建省重点企（事）业单位温室气体排放报告管理办法（试行）》 《中国发电企业温室气体核算方法与报告指南（试行）》 《温室气体排放核算与报告要求　第 1 部分：发电企业》

	用能权交易	碳排放权交易
核算边界	发电生产投入的主要燃料、辅助燃料、电力、热力消耗量及能源加工转换产出的电力和热力。 企业边界内基建和技改等项目建设消耗的能源不在核算范围内	报告主体应以企业法人为界，识别、核算和报告企业边界内所有生产设施产生的温室气体排放，同时应避免重复计算或漏算。如报告主体除电力生产外还存在其他产品生产活动且存在温室气体排放的，则应参照相关行业企业的温室气体排放核算和报告指南核算并报告
核算范围	火力发电企业的综合能源消费量，是指报告期内企业在工业生产活动中各种能源的净消费量，包括工业生产消费的能源合计，扣除加工转换产出能源合计，均按照机组分别核算上报	报告主体的核算范围是：化石燃料燃烧产生的二氧化碳排放、脱硫过程的二氧化碳排放、企业净购入使用电力产生的二氧化碳排放。企业厂界内生活耗能导致的排放原则上不在核算范围内
核算方法	火力发电企业的综合能源消费量，是指报告期内企业在工业生产活动中各种能源的净消费量，包括工业生产消费的能源合计，扣除加工转换产出能源合计，均按照机组分别核算上报。 对于相同装机容量、压力参数的机组，工业生产能源消费量及加工转换产出能源量可合并填报	发电企业的全部排放包括化石燃料燃烧的二氧化碳排放、燃煤发电企业脱硫过程的二氧化碳排放、企业净购入使用电力产生的二氧化碳排放。 对于生物质混合燃料燃烧发电的二氧化碳排放，仅统计混合燃料中化石燃料（如燃煤）的二氧化碳排放；对于垃圾焚烧发电引起的二氧化碳排放，仅统计发电中使用化石燃料（如燃煤）的二氧化碳排放
数据及来源	（1）燃料消耗实物量 依据测量仪器监测的实际消耗量数据确定，数据可来源于企业能源消费台账或统计报表，燃煤电厂主要燃料燃煤应选取入炉前皮带秤监测的入炉煤消耗量、辅助燃料柴油应选取柴油流量计或油料库液位计监测的柴油消耗量进行上报；燃气电厂的主要燃料天然气应选取燃气流量计监测的燃气消耗量进行上报 （2）电力消耗实物量 对于无法分机组统计的外购电，用全厂总外购电按机组供电量进行分摊。机组外购电量数据采用火力发电企业与电网公司结算的关口表下网电量的监测值 （3）热力消耗实物量 机组外购热力数据以热力关口表计量的外购热力监测值为准	（1）化石燃料燃烧的二氧化碳排放 活动水平数据根据企业能源消费台账或统计报表来确定。燃煤、燃油、燃气低位发热值的具体测量方法和实验室及设备仪器标准应分别遵循相应国标。排放因子包括：单位热值含碳量，氧化率，企业可根据相关国标测定，或者选择默认值 （2）脱硫过程的二氧化碳排放 对于燃煤机组，应考虑脱硫过程的二氧化碳排放，通过碳酸盐的消耗量 × 排放因子得出，其中碳酸盐消耗量根据定期统计的碳酸盐的消耗量确定 （3）净购入使用电力产生的二氧化碳排放 净购入使用电力产生的二氧化碳排放，用乘以该区域电网平均供电排放因子得出，以发电企业电表记录的读数为准
需监测数据	工业生产的各类燃料消耗实物量、电力和热力消耗实物量、加工转化产出的电力和热力实物量、燃料能源的年平均收到基低位发热值	燃料消耗量、脱硫剂消耗量、购入电力量、燃料的低位发热量、含碳量、氧化率

可以看出两者核算范围和核算边界较为接近，碳排放核算额外纳入了脱硫过程的碳排放，但脱硫过程碳排放站发电总排放比例极小。因此，火力发电行业的用能量与碳排放量基本呈线性相关。

在调研中发现，福建火电企业在进行用能量、碳排放量核算以及“两权”交易第三方核查时所采用的基础数据也基本相同。

（2）福建水泥行业用能权交易与碳排放权交易机制对比

表 4-18 以水泥行业为例对福建用能权交易和碳排放权交易进行了对比。

表 4-18 福建水泥行业用能权交易与碳排放权交易的机制对比

	用能权交易	碳排放权交易
相关政策	《水泥制造企业综合能源消费量核算与报告指南》 《福建省用能权交易能源消费量报告管理办法》 《福建省用能权交易能源消费量审核机构管理办法》 《福建省用能权交易能源消费量审核指南》	《碳排放交易第三方核查机构管理办法》 《福建省重点企（事）业单位温室气体排放报告管理办法（试行）》 《中国水泥生产企业温室气体核算方法与报告指南（试行）》 《温室气体排放核算与报告要求第 8 部分：水泥生产企业》
核算边界	水泥制造线产生的综合能源消费量：从原材料进入生产厂区开始，到水泥熟料出厂、水泥粉磨的整个生产过程的综合能源消费量，不包含矿山开采的能源消费量	以企业法人或视同法人的独立核算单位为边界，核算和报告其生产系统产生的温室气体排放。生产系统包括主要生产系统、辅助生产系统及直接为生产服务的附属生产系统，其中辅助生产系统包括动力、供电、供水、化验、机修、库房、运输等，附属生产系统包括生产指挥系统（厂部）和厂区内为生产服务的部门及单位（如职工食堂、车间浴室、保健站等）
核算范围	水泥制造企业的能源消费总量是报告期内企业在工业生产活动中各种能源的净消费量，折算为一次能源的单位为标准煤当量。企业综合能源消费量包括熟料生产工段和粉磨工段综合能源消费量之和	碳排放核算范围包括： （1）燃料燃烧排放——水泥生产过程中使用的实物煤、热处理和厂内运输等设备使用的燃油等发生氧化燃烧过程产生的排放； （2）过程排放——水泥生产过程中，原材料碳酸盐分解产生的二氧化碳排放，包括熟料对应的碳酸盐分解排放； （3）购入和输出的电力及热力产生的排放——水泥企业购入和输出的电力、热力对应的生产活动的二氧化碳排放

	用能权交易	碳排放权交易
核算方法	熟料生产工段的综合能源消费量包括熟料工段的工业生产消费的能源，扣除回收利用的能源。水泥粉磨工段的综合能源消费量仅包含水泥粉磨工段的工业生产消费的能源	水泥生产企业的 CO_2 排放总量等于企业边界内所有的燃料燃烧排放量，工业生产过程排放量及企业净购入电力和热力对应的 CO_2 排放量之和
数据及来源	燃料消耗实物量应依据测量仪器监测的实际消耗量数据确定，数据来源于企业能源消费台账或统计报表。燃煤应选取入磨之前皮带秤监测的煤消耗量数据，燃油应选取流量计、衡器、油罐计量装置监测的燃油消耗量数据，燃气应选取燃气流量计监测的燃气消耗量数据。 熟料生产工段电耗统计范围是从原燃材料进入生产厂区开始，到水泥熟料入库的生料制备、熟料烧成过程消耗的电量，包括原料破碎、原料预均化、生料粉磨、生料均化，以及燃料制备、生料预热分解、熟料煅烧、熟料冷却和废气处理消耗的电量。熟料工段利用来源于余热回收发电的电量也应包含在内。水泥粉磨工段或水泥粉磨企业的电力消耗实物量是指该工段或企业消耗的电量。水泥粉磨工段或水泥粉磨企业的电耗统计范围包括从水泥熟料、石膏、混合材出调配库（水泥制备工段）或进入生产厂区（水泥粉磨企业）到水泥出厂的整个过程消耗的电量，包括水泥粉磨、水泥包装以及散装消耗的电量	（1）化石燃料燃烧排放。化石燃料的净消耗量通过核算和报告期内各种化石燃料消耗的计量数据确定。 （2）生产过程排放量。根据熟料产量、熟练中的氧化钙和氧化镁含量计算确定。其中产量数据采用企业生产记录数据，氧化钙和氧化镁含量数据由企业自测。 （3）净购入电力和热力排放。净购入电力和热力量，根据核算和报告期内电力、热力供应商、水泥生产企业存档的购售结算凭证以及企业能源平衡表确定
需监测数据	工业生产消费中各类能源消耗实物量（煤、油、气等）； 工业生产消费中电力消耗实物量； 各类燃料能源的年平均收到基低位发热值； 熟料生产工段的余热回收发电量； 报告期内水泥熟料的产量	各类能源消耗实物量（煤、油、气、电力等）； 各类燃料的平均低位发热量； 燃料的单位热值含碳量； 燃料的碳氧化率； 水泥熟料产量； 熟料中氧化钙的含量； 熟料中不是来源于碳酸盐分解的氧化钙的含量； 熟料中氧化镁的含量； 熟料中不是来源于碳酸盐分解的氧化镁的含量； 报告期内购入与输出的电量； 报告期内购入与输出的热量

对比可以看出，二者核算范围的区别主要在于水泥生产的过程排放。如果仅考虑能源消耗产生的碳排放，则用能量和碳排放量的核算边界基本一致，核算结果基本呈线性相关。此外，水泥企业用能量核算中也要求填报水泥数量产量数据，而碳排放量核算在此基础上又增加了氧化钙和氧化镁含量等企业自测数据，因此用能量与碳排放量核算的基础数据也基本相同。

在调研中看出，福建水泥生产企业在进行用能量、碳排放量核算以及“两权”交易第三方核查时所采用的基础数据也大致相同。因此，“两权”交易在数据监测、报告、核查（MRV）领域具有良好的协同基础。

现阶段，“两权”交易的 MRV 工作相互独立，就福建省而言，水泥和发电两大行业的企业需要将几乎相同的基础数据分别在能耗和碳排放两个报送系统填报两次，同时还要接受不同的第三方核查，既增加了企业的负担，又带来了额外的政府行政成本。因此“两权”交易亟待选择合适的行业开展 MRV 领域的协同。

2. 协同方式探索

基于上述分析，可以认为在 MRV 核查领域，纳入“两权”交易的企业前后报送数据一致的前提下，“两权”协同目标得以保证，尽量减少企业的数据报送和第三方核查频次，实现数据多跑路、第三方机构和企业少跑路。

由此，基于发电和水泥行业的经验，提出 MRV 领域的协同方式：

（1）统一能耗和碳排放的核算边界。目前发电行业的“两权”核算边界虽然不同，但具有 MRV 协同的基础。在其他边界差异较大的行业，尝试采用调整核算核查指南的方式，逐步实现“两权”MRV 边界一致。在此基础上，企业在“两权”市场中所提供的基础数据才具有可比性。对于能源消耗与碳排放存在线性相关的行业，可进一步在能耗数据和碳排放数据间研究设立转化系数，使两者可以相互转化，减少重复性劳动。

（2）“两权”交易在 MRV 顶层制度方面可开展协同。具体而言，MRV 顶层制度的协同应包括第三方核查机构招投标、资格认定、监督管理的协同，MRV 工作开展时间进度的协同，核查费用拨付的协同等。

具体到能耗与碳排放基础数据监测层面（M），由于在某些行业统计数据高度一致，因此有条件充分利用已经建立的重点能耗企业能源监测系统，探索通过自动化手段同步完成能源和碳排放的基础数据监测。

在能耗与碳排放基础数据报送层面（R），应逐步实现数据报送系统的统一或者相互打通，减少企业同时填报多个系统的工作负担，消除错填漏填，并探索数据报送系统和自动化监测系统打通方式，实现基本能源消耗的自动化在线采集和实时报送。

（3）在“两权”交易的第三方核查层面（V），“两权”交易主管机构应在实现第三方机构认定、监督管理协同的基础上，进一步明确纳入“两权”交易的同一家企业应由相同的第三方机构一次性完成能耗和碳排放核查工作，并建立第三方机构的年度轮换制度。在核查报告抽查层面，应建立协同机制，即对于同时纳入“两权”交易的企业，其能耗和碳排放核查报告应同时抽查。

3. 预期效果

协同措施涉及“两权”MRV机制的顶层制度设计和具体实施方式等多个层面，但最终预期效果是通过能耗和碳排放MRV工作的充分融合，降低政府、企业和第三方机构的时间成本和资金成本。

对于企业而言，“两权”MRV机制的融合首先降低了企业数据报送和应对第三方核查的工作量，帮助企业节约时间和人力成本。同时，通过自动化监测与数据报送平台的打通，也有助于最大限度减轻企业的数据填报工作量，并避免人为纰漏。

对于第三方机构而言，同一机构核查同一企业，也保证了能耗和碳排放审核工作的连续性，在工作内容不变的情况下，减少了员工出差的时间和资金成本，核查机构能够将更多精力放到技术性工作上，有助于提升核查报告质量。

对于政府而言，通过跨部门、跨平台的数据传送，能够降低政府收集企业数据的难度，帮助政府部门节约人力。能耗与碳排放MRV融合带来的数据质量提升，还会为政府的精准施政提供更科学的依据。

（三）交易机制协同

1. 协同方式

目前国内用能权交易和碳排放权交易均要求在指定交易机构开展交易，这为“两权”交易在交易机制层面协同提供了可能性。

从“两权”交易的交易标的来看，用能权是碳排放权的前置权利。根据前述分析，“两权”交易在配额分配和MRV层面的协同，将进一步缩小用能权和碳排放权两种交易产品的差异，随着我国碳排放的逐步达峰，碳排放权也将很快进入总量和强度双控时代。在此基础上，同时被纳入“两权”交易的企业，其持有的用能权和碳排放权将类似于完全互补品，即两种商品之间必须按照固定不变的比例同时被使用。根据完全互补品的市场经济特性，某种商品互补品价格的上升，将会因为互补品需求量的下降而导致该商品需求量的下降。具体到“两权”交易而言，当用能权价格上升时，将导致碳排放权的需求减少。同样，当碳排放权价格上升时，也会导致用能权的需求减少。

由于上述原理的存在，交易机制的协同，其主要目标应当是维持“两权”交易体系的同步稳定，尽量减少企业利用“两权”交易市场间价格变动的迟滞进行套利操作的空间。具体而言，应从以下 3 个层面开展协同。

（1）定价机制的协同。

我国用能权交易在试点呈现了不同的初始定价机制。浙江省在初始阶段以增量交易为主，采取定额出让、差别化定价方式，由节能主管部门、物价主管部门确定交易价格，基准价为 400 元 /t 标准煤。而福建省采取了完全市场化定价机制，初期实盘交易平均成交价格 20.03 元 /t 标准煤；模拟交易市场平均成交价格 26.64 元 /t 标准煤。上述两个试点市场交易价格的巨大差异源自交易模式的差异，浙江省用能权交易的初始分配即为企业向政府购买配额，当前主要为政府与企业间的交易，其价格体现了政府对于用能权价格的期望。福建省用能权市场的初始配额为免费分配，其价格主要体现了企业对于用能权价格的期望。

而我国碳排放权交易的部分试点区域开展了有偿配额分配机制，但整体而言，依然是依靠市场机制定价，碳市场交易价格反映的是企业对于碳配额的价格期望。对同时开展用能权交易和碳排放权交易的福建省而言，用能权与碳排放权价格区间趋于一致。

因此，未来国内用能权交易市场与碳交易市场并存时，如果定价机制及定价方式不同，用能权与碳排放权的价格将可能存在巨大差异。因此，“两权”交易的主管机构在制定定价机制时，应充分考虑上述因素，开展定价机制协同，最大限度避免“两权”交易同时采用政府直接定价的方式，以免为企业带来较大的配额购买负担。

（2）交易涨跌幅的控制协同。

通过分析得知，我国碳排放权交易市场已建立了相对成熟的交易涨跌幅控制机制，而用能权交易的价格控制机制也开始初步成型。以福建省为例，《福建省用能权交易规则》规定了用能权指标的挂牌点选交易方式的有效申报价格范围为基准价的 ± 10%，协议转让交易方式的有效申报价格范围为基准价的 ± 30%，这与碳排放权交易市场的涨跌幅限制完全一致。

可见，开展“两权”市场在交易机制方面的协同，应在用能权交易和碳排放权交易市场尽量设定一致的交易涨跌幅限制，以保证互补品在各自的交易市场内具备大致相同的价格变动趋势。

（3）交易方式的协同。

为避免大宗交易冲击线上价格，用能权与碳排放权均包含了大宗交易采取协议转让的相关规定，但是同时，上述规定也形成了场外交易的不透明。当用能权与碳排放权交易在不同交易所进行交易时，如果交易所之间缺乏大宗交易的及时协同沟通机制，有可能导致一方市场的大宗交易行为引起另一方的市场波动。

因此，用能权交易所和碳排放权交易所应当及时相互通报同时参与“两权”交易的企业完成大宗交易的具体情况。当获知对方提供的大宗交易信息时，用能权和碳排放权交易所应尽快确认相同的交易双方是否已经在本交易所完成对应的互补品交易，并密切监控相应交易对手的线上和线下交易行为，同时采取积极主动的预防措施，避免企业由于不熟悉交易流程造成损失或利用“两权”交易的政策不完善进行套利。

（4）金融创新的协同。

碳市场中已经存在众多金融创新机制，其中以碳排放权回购融资、质押贷款开展最为频繁。用能权交易启动后，鉴于用能权配额（指标）的分配、交易、清缴机制和碳排放权高度相似，等同于为企业额外提供了一套可以用于金融创新的环境权益产品。因此，参与碳排放权交易金融创新的履约企业、金融机构和交易所，应当积极将碳排放权市场成熟的经验输出到用能权交易市场，促进二者在金融创新层面的协同。

2. 交易效果

交易机制协同的重要形式之一是实现用能权交易机构和碳排放权交易机构的整合。福建省用能权交易和碳排放权交易的交易机构均为福建海峡股权交易中心，且“两权”交易也是在同一套交易系统上完成，企业在交易中心只开一个账户即可完成“两权”交易。

交易机构及交易系统的统一，能够最大限度提升“两权”交易管理的同步性，减少交易机构之间的信息不对称，降低交易参与人的风险。为让交易机构适应“两权”交易协同的需要，“两权”交易主管部门应联合对交易机构的交易规则、信息披露规则进行规范。具体而言，可以采取以下两种途径。

（1）建立每日交易信息汇总上报机制，由负责“两权”市场交易的交易机构向主管机构报送当日交易数据、大宗交易情况、风险提示等，再由主管机构决定是否向交易机构披露对方的交易情况。

（2）由“两权”交易主管部门共同建立交易所间的场外交易共同登记平台，“两权”场外交易均强制在平台进行登记，平台由“两权”交易所共同运营管理，双方均可实时获知可能影响市场的大宗交易行为；建立交易所间的定期会商制度，对于高风险交易行为进行联合警告，对于严重违反交易规则的行为进行联合惩戒。

（四）履约机制协同

1. 协同方式

目前，河南、四川和福建 3 省的用能权交易试点均采取了类似碳排放权交易的整体框架。在这一框架内，一个履约期由分配配额开始，由履约清缴配额结束。由于当前国内企业的碳排放量大多数来源于能源消耗，从因果关系来看，企业应当是首先获得用能权，然后才可以合法使用能源，进而产生碳排放，而用能权的消失也意味着碳排放权的消失。因此，在一个完整的履约年度内，企业用能权和碳排放权配额取得、履约清缴的合理时间关系如图 4-9 所示。

图 4-9 履约协同方式

在实际操作中，福建省的碳配额分配时间为 7 月最后一个工作日前，碳配额清缴截止时间为 6 月 30 日，用能权配额、指标分配时间为 7 月 31 日前，用能权配额（指标）清缴截止时间为 6 月 30 日，基本与上述时间轴相吻合。

除时间上的协同外，在履约环节还可以通过碳排放权履约总量和用能权的履约总量间的比对分析，建立履约数据协同机制，判断企业是否存在“两个部门两套数”的情况。这要求用能权和碳排放权交易主管机构应在企业完成履约后，就同时纳入“两权”交易的企业进行及时的数据沟通，并采取一定方式判断两套数据的相关性。

2. 预期效果

履约环节的“两权”协同，需要建立数据协同机制，具体而言可以采取以下两种方法。

（1）专家评估法。同时参与“两权”交易的企业完成“两权”履约后，由“两权”交易的主管机构共同聘请行业专家，对相应企业的履约数据进行盲审，判断其履约的能耗总量和碳排放总量是否存在合理的关系。如发现不合理，则由“两权”交易的主管机构共同组成工作组，对涉事企业的用能及碳排放第三方核查报告进行分析对比，并可以要求企业进行进一步的解释说明，对于无法自圆其说的企业，应再聘请第四方专业机构对企业的能耗和碳排放情况进行彻底的调查，调查存在违法违规行为的企业或第三方机构，应按照相关法规进行处罚。

（2）系统自动评估法。对于某些能耗形式相对简单，工业生产过程碳排放较低的企业，可以通过直接系统内嵌评估模块的方法，对同时参与“两权”交易的企业履约数据进行自动评估。对于未能通过评估的企业，参照上述步骤，进一步要求企业解释说明、开展第四方独立调查、进行处罚。

（五）立法与监管执法协同

1. 协同方式

由于现阶段我国部分高排放企业同时纳入了碳排放权交易和用能权交易的管理

范畴，因此会受到用能权和碳排放权两类法规的制约。但是，当企业的能源消耗与碳排放量高度相关时，如果企业在两个市场同时出现超排放、超能耗的违法行为，则会面临两次来自不同部门的行政处罚。以福建省为例，在用能权层面，如果企业存在未按时足额履行用能权指标清缴义务，逾期未改正的，处 1 万元以上 3 万元以下罚款。在碳排放权层面，如果企业存在不履行清缴义务的违法行为，则在下一年度配额中扣除未足额清缴部分 2 倍配额，并处以清缴截止日前一年配额市场均价 1～3 倍的罚款，但罚款金额不超过 3 万元。随着“两权”交易相关机制的不断融合和碳排放总量控制的实施，未来“两权”交易中大概率会出现用能权配额（指标）和碳排放权配额分配都趋紧的情况。此时，如果企业出现未完成履约的情况，则其在“两权”履约中的违法行为不能认定为相互独立的两次违法行为，而应视为同一违法行为。

根据我国《行政处罚法》第二十四条规定，对当事人的同一个违法行为，不得给予两次以上罚款的行政处罚。对于上述违法企业来说，其违反碳排放法规和违反用能权法规实际都来自同一行为，不应给予两次罚款。因此，在未来的用能权和碳排放权立法和执法时，应充分考虑这一情形。具体而言，应采取以下协同方式。

（1）根据行业特点不同，将企业事先划分为两类：第一类为工业生产过程碳排放较少，能耗与碳排放高度相关的行业；第二类为工业生产过程碳排放较大，能耗与碳排放相关度一般的行业。对于高度相关行业，其碳排放绝大部分来自能源消耗，具体而言可包括火电、造纸、公共建筑运营、机械设备制造、电子设备制造、食品饮料等行业。而一般相关行业可包括水泥、钢铁、化工、石化、陶瓷等行业。

（2）在立法阶段，“两权”交易的地方法和上位法均应明确：对于第一类企业由于非主观原因，确实无法完成碳配额和用能权指标清缴产生的两次违法行为，只处以一次罚款，罚款金额可以在“两权”相关法规中选择上限罚金。

（3）在执法阶段，对于第一类企业的用能权处罚和碳排放权处罚，“两权”交易的主管部门和执法机构应当建立信息沟通机制，在执法决定下达前及时将拟实施的处罚抄报对方，并判断是否能够免除重复罚款。如果可免除，应通过双方主管部门进行会商，确定由一方执法机构完成处罚。

2. 监管效果

基于以上提出的协同方式，“两权”交易在立法层面应由“两权”主管部门联合出台相应规定，对违法行为认定和违法行为处罚提出详细的操作规程。

在监管执法层面，对于同一违法企业的“两权”交易的执法应尽量安排同一执法机构完成执法活动。从而最大限度避免对第一类企业的重复处罚，同时减少执法机构间的沟通成本，保证“两权”交易执法的力度相同。

第五章

总结与实践

一、研究总结

（一）合理有序推进“两权”交易协同协调机制的政策建议

基于上述分析，从顶层设计、具体操作和执行层面分别提出了针对各级主管部门的政策建议，旨在建议“两权”交易主管部门通过开展政策制定协同、实际操作协同，充分利用“两权”交易现有的支撑系统和数据基础，进一步降低“两权”交易的运行成本和管理成本。另外，针对参与“两权”交易的企业提出了统筹规划“两权”交易的一系列相关建议，旨在帮助企业高效、低成本的完成“两权”交易的规定工作，同时建立稳健、可持续的碳排放权和用能权交易管理机制。

为了避免政府主管部门和企业面临双市场选择中出现额外的管理成本和交易成本，“两权”交易协同应采取分阶段、分行业逐步实施的路径稳步推进。从纳入管控行业角度考虑，同时符合纳入碳市场覆盖范围和用能权覆盖行业的企业在一定门槛规定下优先纳入碳排放权交易市场，如传统的高耗能、高排放企业。在一段时间内不具备纳入碳市场管控的企业，如建筑、交通等行业则优先纳入用能权覆盖范围，待碳市场逐步扩大行业覆盖范围后再行进入碳市场实行管控。

（二）针对各级主管部门的政策建议

制度设计

制度设计层面的协同是“两权”交易协同的基础。“两权”交易的各级主管部门应首先在各项政策文件中对于协同的方式作出规定。具体建议如下。

（1）建议主管部门从顶层设计层面开展国家“两权”交易协同试点，鼓励有条件的地区率先开展“两权”交易协同示范。

在国家级碳交易和用能权交易的制度设计层面，由政府主管部门牵头开展协同试点。可从“两权”前期工作开展较好的试点地区着手推进，可由国家发展改革委主管部门和生态环境部主管部门共同起草相关通知，鼓励协同试点地区率先在电力及水泥行业开展配额分配、MRV 两个领域的协同探索。通过在同一行业采取相接近的“两权”配额指标分配方法、在重点行业试行能耗和碳排放 MRV 工作合二为一，验证“两权”协同对于政府增效、企业减负、市场稳定等方面的影响。通过试点，进一步发现“两权”协同的具体形式和存在的问题，进一步提炼总结经验，形成通用做法加以推广，为后续全国“两权”交易协同提供借鉴。

（2）在《全国碳排放权交易管理条例（征求意见稿）》和未来的用能权交易

相关管理规定中，对“两权”交易协同的关键要素作出原则性规定。建议在配额分配相关条款中，应明确无论是碳排放权配额分配还是用能权指标的分配，均应同步考虑国家碳排放和能源消耗控制目标的一致性；建议在 MRV 相关条款增设鼓励“两权”交易主管部门建立数据互通机制、鼓励共同开展 MRV 工作等内容。

（3）在基础设施建设层面，充分利用碳排放权交易已建成的基础设施。用能权和碳排放权交易标的虽然不同，但都需要经过统一注册登记系统确认产权，需要经过统一的交易结算系统完成场内外交易结算，其交易基础设施的需求基本一致。因此应充分利用碳排放权已经建成的交易所、交易系统、注册登记系统和结算系统，通过扩建、改建适用于用能权交易，有利于降低用能权交易的基础设施建设成本，提升交易运行的稳定性。为此，“两权”交易主管机构应充分沟通，就“两权”交易基础设施的重复利用达成一致，并尽快启动注册登记系统、交易结算系统的改建、融合的可行性研究。

（4）结合我国行业碳排放和能耗控制目标，在部分行业分步骤开展“两权”交易二选一，最终实现“两权”交易合二为一。

现阶段我国碳排放和能耗控制的目标并不完全一致，碳排放权和用能权两类交易产品也存在差异。但随着碳排放逐步趋于峰值及我国产业结构的转型升级，电力及水泥行业已经具备能耗和碳排放同步实施总量控制的条件。因此，未来同时纳入“两权”交易的上述行业将可能出现能耗控制和碳排放控制的目标、手段、结果基本一致的局面。这种情形下，可让企业自主选取参与碳排放权和用能权其中一种交易履约。而企业的自主选择，也是检验“两权”交易市场完善程度的市场选择。最终，交易机制、交易灵活度、风险监管等多个层面成熟度较高的市场将会被留下。在此阶段，主管部门可推行“两权”交易的合二为一。

（5）积极开展“两权”交易的金融创新机制协同。

当前，我国用能权交易试点市场参与主体全部为重点用能企业，而碳排放权交易市场的参与主体既有重点排放企业，也有投资机构。由于投资机构的存在，碳排放权交易市场无论从交易活跃度，还是价格发现功能上都优于用能权交易市场。同时基于碳配额交易的碳金融创新也初露端倪，碳配额质押融资、回购融资等具有特色的金融创新形式为企业盘活碳资产，获取低成本融资提供了可能性。用能权交易市场的主管机构应当借鉴碳市场金融创新经验，从促进市场交易活跃度，提升市场价格发现能力的角度，放开投资机构进入用能权交易的限制，激发用能权交易的市场活力，开展金融创新。

（三）操作执行层面

碳排放权交易市场经历了较长的试点阶段，积累了大量实践经验，一方面，从国家顶层设计上正在逐步形成一个完善、严格、统一的监督管理体系。用能权交易可以在相当程度上予以借鉴和协同。另一方面，“两权”从本质上来说都属于市场交易机制，两者可以在交易产品的设计与开发、交易场所及交易规则的确定、交易方式和交易流程等诸多方面展开协同研究。但“两权”交易的协同需要政府、第三方机构、交易机构的共同配合。具体建议如下。

（1）“两权”交易配额（指标）分配方法的统一制订。

现阶段“两权”配额（指标）均主要采用免费分配方法。相比于有偿分配方法，免费分配虽然能够降低企业成本，但是高度依赖于政府前期对企业排放和能耗数据的掌握程度以及对行业未来发展的判断。对于电力、钢铁、造纸等能耗和碳排放高度相关的行业，“两权”交易配额（指标）的分配方法应当趋向一致，才能体现企业间的公平性。因此，“两权”交易主管部门在制定配额分配方法时，可以率先在这些行业实施配额分配方法的统一。对于其他行业，“两权”交易主管部门应在配额分配方法制定后，进行充分会商沟通，共同评估不同分配方法对于各行业企业的可能影响。

（2）碳排放和能耗核算核查指南的统一制订。

碳排放和能耗核算核查指南是企业及第三方机构进行碳核算核查的基本依据，当前同行业的核算指南往往存在边界不一致的问题。因此在多数行业，能耗和碳排放的核算及第三方审核仍然需要分别单独开展。建议“两权”交易主管部门应当对于共同管控行业的核算核查指南进行统一修订，首先推动二者核算边界的统一，然后再实现数据监测收集方法的统一，这是“两权”交易 MRV 合并开展的先决条件之一。

（3）统一基础支撑系统，实现数据打通。

为了减轻企业的数据报送负担，用能权交易可以充分利用碳交易市场正在建设的各类基础支撑系统，通过大数据、区块链等先进技术应用来实现与碳交易共享数据统计、监测和报送平台，构建信息公开和共享机制，形成互联互通，减少平台重复建设的投资和管理成本。建议对“两权”交易的企业数据报送平台进行优化整合，实现统一平台既输出能耗数据又输出碳排放数据。同时，构建交易结算的统一平台。当前福建省已经实现了“两权”交易在同一交易平台开展，通过实践证明了“两权”市场在同一配额（指标）交易平台结算的可行性。因此，“两权”交易主管部门应支持国内碳排放权交易所开展类似研究，提出交易所进一步扩展用能权交易品类的具体工作实施步骤。统一的数据报送平台与统一的交易平台，对于共同验证

“两权”交易配额（指标）分配方法的合理性和交易方式的协同具有重要意义。

（4）第三方机构的统一招标和统一资格认定。

目前，“两权”交易主管部门在第三方审核机构选择方式上存在差异，既有通过政府招投标形式确定的，也有政府只进行资格认定，然后由第三方机构与企业自主洽谈确定合作意向的市场化方式。由于选择方式的不统一，同一家第三方机构即使同时具备“两权”交易的审核资质，也很难保证承担同一企业的能耗和碳排放审核任务。为了减轻企业负担，减少重复劳动，“两权”交易主管机构应在第三方机构选择方法上达成一致：对于同时纳入“两权”交易的企业，仅采取招标或资格认定中的一种方式选定第三方机构。如采取招标方式，则将“两权”交易同步纳入的企业作为单独的任务包，并要求同一家企业的用能和碳排放审核必须由同一家第三方机构完成。如采取资格认定方式，则应尽量保证双方的第三方机构名录大致相同，并对于承担同一企业能耗和碳排放审核的第三方机构给予一定的审核费补贴。

（5）核查工作的统一开展。

对于第三方机构而言，应建立能源和碳排放联合审核的工作机制。通过统一审核员培训，建立能够同时应对“两权”审核任务的队伍，并进一步从减轻被审核企业负担的角度，优化审核步骤、缩短审核周期、降低能耗和碳排放审核的总费用。

（6）监管执法层面的统一。

在监管方面，对“两权”市场而言，国家主管部门负责制定监管制度，对市场运行进行统一监管，对违法违规行为规定强有力的处罚手段，并将纳入企业、交易机构、核查机构和其他市场参与主体进行监管违法违规行为纳入信用管理体系，对其进行信用管理。省级主管部门对本行政区域内的纳入企业和核查机构的行为进行监管和具体执法。

在执法方面，目前碳排放权交易的执法机构为各级生态环境主管部门。自2016年省以下环保机构监测监察执法垂直管理制度改革以来，我国生态环境部门的执法机构已经下沉至市县级，形成了省级督政、市县督企的治理格局。当前，各区域碳市场以及未来全国碳市场都可以依托于现有的省市县三级环境监管执法体制，完成企业碳排放监管执法。

作为《中华人民共和国节约能源法》在执法层面的补充，国家发展改革委于2016年颁布了《节能监察办法》，进一步明确了各级节能监察执法机构的职责和节能监察执法活动的实施流程，为用能权交易试点省份的用能权行政执法提供了执法依据，节能监察机构作为执法机构承担用能权交易执法具有很大的可能性。在“两权”协同时，如对统一的执法对象开展执法，可以在不同执法机构间建立协调机制，充分沟通，就同一情况涉及“两权”均违法的情形下建议只罚一次，或者尽量少罚，积极探索执法机构和处罚手段方面开展“两权”协同的可行性。

（四）针对企业参与“两权”交易的建议

对于现阶段已经纳入或未来即将纳入“两权”交易的企业，应充分认识“两权”交易市场对企业管理带来的机遇与挑战，提前谋划，合理布局，具体建议如下。

（1）“两权”交易职责统一到同一部门或个人。

碳排放权交易和用能权交易虽然在政府层面分属不同部门管理。但是在企业层面，由于其涉及的设施管理边界基本一致，因此应当将企业“两权”交易的职责进行统一。职责统一，对于企业参与碳排放权和用能权的 MRV、履约及交易工作的协调具有天然的便利性，也能够充分利用企业能耗在线监测系统，提升能耗和碳排放 MRV 工作的效率，提升数据质量。

（2）正确认识碳排放权和用能权的资产价值，逐步建立“两权”资产管理规范。

当前碳排放权交易市场出现了以碳排放权配额远期交易、质押融资、回购融资、场外期权等为代表的一批金融创新形式，为企业正确认识碳资产价值提供了很好的实践案例。未来随着用能权交易参与者范围的扩大，用能权交易和碳排放权交易的金融创新活动将会呈现出一定的价格关联性。这需要企业“两权”交易管理者能够正确分析“两权”交易的价格关联，及时制定适宜的交易策略，并将其以企业内部规章制度的形式予以执行，保证企业能够在合理的预算范围内完成“两权”交易的履约工作。因此，纳入“两权”交易的企业，应高度重视“两权”交易的协同管理，积极参与市场交易，并与投资机构、金融机构建立密切联系，提升自身管理“两权”资产的能力。

（3）积极利用企业既有的能源在线监测系统，建立碳排放在线监测核算信息化平台。

按照国家发展改革委《重点用能单位能耗在线监测系统推广建设工作方案》，2020 年年底我国重点排放企业将全部完成能耗在线监测系统，形成“国家平台 + 省级平台 + 重点用能单位接入端系统”的基本架构。企业未来的碳排放基础数据收集，应充分利该系统，将以往由企业年度手动填报的数据变为直接由在线监测系统实时或者定期上报，同时将碳排放数据的计算结果实时或定期反馈给企业，为企业碳资产管理提供及时准确的排放量信息。

二、福建省“两权”协同的实践

目前，我国虽尚未形成统一的覆盖高耗能行业的用能权交易市场，福建省、浙江省、河南省和四川省4个试点地区，依照国家下达的能源消费总量控制目标，结合各区域经济发展水平、所处阶段、产业结构形态、节能潜力和要素禀赋等状况，在制度与系统支撑、机制设计交易实践方面开展了各具特色的工作。

浙江省试点的交易模式类似于排污权交易、水权交易，具有前置审批性质，行政色彩较浓。该模式中，政府将单位工业增加值能耗高于浙江省“十三五”时期控制目标的新增用能量、年新增用能指标、规模以上企业通过淘汰落后产能和压减过剩产能腾出的用能空间、企业通过节能技术改造等产生的节能量纳入范围，对存量用能指标实行核定指标、对新增用能实行有偿使用、对超额用能实行差别收费、对减少用能实行合理补偿。

福建省、河南省和四川省的制度设计及交易模式基本一致，更多体现了市场化交易的特点，该模式与现存碳排放权交易体系较为相似。该模式中，政府选取部分重点用能行业及企业，企业在期初获得政府分配的用能权指标后，可以自由买卖。期末，企业要向政府提交与其能耗总量相等的指标进行履约，未能履约的企业将面临惩罚。这种总量配额制交易模式通过建立自由交易的市场机制，为用能权定价，从而推动企业采取节能降耗措施，实现地区能耗总量的下降。成为此类模式中制度设计最全面的区域。

福建省于2018年年底便正式启动了全省用能权交易工作，已完成了2018年及2019年的履约，试点工作取得了初步的成效。

而在碳市场方面，全国试点碳交易工作已经运行了数年，各试点省区陆续颁布了一系列政策和法规，规范碳市场的运行。实践中进一步调整体系框架和核心要素，表现出具有区域特色的运行和交易履约特点，形成了各自相对完善的制度框架。2016年4月，福建省自主全面启动碳市场，对接全国，对标先进，对照实际，初步建成了具有福建特色的碳市场。作为首个采用国家颁布的碳核查标准与指南，特别是数据直报系统与国家在建系统标准完全一致，福建省电力、水泥、电解铝3个行业的配额分配方法与近期国家发布的讨论稿几乎完全一致。并且从覆盖行业的碳排放总量上看，福建碳市场与湖北碳市场、广东碳市场体量大致相当，在我国现有8个区域碳市场中位居前列。

本书将福建省作为“两权”市场协同的区域开展研究。

（一）现状分析

1. 福建省用能权交易市场现状

2018年12月19日，福建省用能权交易市场正式在福州市启动，成为全国首个在省域范围内开展用能权交易试点的省份。

在制度建设层面，福建省用能权市场建立了“1+1+7+n”制度体系，即1个管理办法，1个实施方案，7个配套细则及9个行业综合能源消费量核算与报告指南；在纳入范围、MRV及指标分配等市场机制设计层面，福建省在火力发电等9个行业内开展试点，纳入了年综合能源消费量达到5 000 t标准煤及以上的用能单位，制定并发布了水泥制造等9个行业的综合能源消费量核算与报告指南，开展了能源消费情况第三方核查等工作，并制定了用能权指标分配实施方案；在系统支撑及平台建设层面，建立了能源消费数据报送、用能权指标注册登记和交易系统3大技术体系。

目前，福建省用能权交易市场建设工作在4个试点中进展最快，成为全国首个完成用能权交易试点企业年度指标清缴的省份，2018年的指标清缴工作已于2019年6月30日前完成，2019年的指标清缴工作已于2020年7月5日前完成。

2. 福建碳排放权交易市场现状

福建省于2016年全面启动区域碳市场，至今已平稳运行近4年。制度建设层面，福建省先后出台了碳市场建设的总纲性文件，统筹性文件及实施性文件，构成了“1+1+n”政策体系，制定了年度碳排放配额分配实施方案；市场机制设计层面，福建碳市场纳入了电力、钢铁、化工、石化、有色、民航、建材、造纸、陶瓷9大行业，任意一年综合能源消费总量达1万t标准煤以上（含）（即排放约达2.6万t二氧化碳当量）的企业法人单位或独立核算单位，并制定了《福建省重点企（事）业单位温室气体排放报告管理办法（试行）》。

2017履约年度，福建碳排放权交易市场履约率达100%。2018年全省重点排放单位全部按时缴清，履约率再次达到100%。

3. 福建省“两权”交易市场对比

从上述分析看到，在用能权市场机制建设过程中，福建省覆盖范围较广，涵盖水泥制造、火力发电、炼钢、原油加工、合成氨、玻璃、铁合金冶炼、电解铝、铜冶炼9大行业，且具有配套政策支持较全面、指标分配方案多元化等特点，如工业硅冶炼参照铁合金冶炼行业进行指标管理等。在碳市场机制设计方面，福建省全面对接全国碳市场总体思路，除国家规定首批纳入全国碳市场的8大行业外，还针对当地产业特点，率先将陶瓷业119家企业纳入覆盖范围。同时，福建省还充分吸收了其他试点省市的先进经验，呈现出碳市场建设速度快、产品设计全面等特点。

福建省用能权指标和碳配额的分配方法，由于“两权”交易市场的政策背景和制度目标不同，影响了指标或配额的分配。例如对于2018年炼钢、原油加工、铜冶炼等，用能权指标采用的分配方法为：用能单位指标量＝历史能源消费量 × 总量控制系数。其碳排放权配额采用的分配方法为：重点排放单位配额＝历史强度值 × 减排系数 × 产量。比较看出，用能权交易在能源总量和强度双控的前提下，其配额分配方法体现了总量控制的特点，而碳交易在强度单控的前提下，其配额分配方法也是基于单位产品的历史排放强度。

通过对比燃料消耗量和碳排放量的核算方法，可以发现二者之间具有相互换算的关系，数据基础存在一定同源性，且两者的核算覆盖范围存在较大重叠。

在覆盖行业方面，2016 年福建省已将电力、钢铁等 9 大行业的 277 家企业纳入碳排放交易管理。从福建省公布的 2018 年用能单位名单和碳市场控排企业名单对比来看，纳入用能权市场的 95 家企业中，除 15 家铁合金冶炼企业不在碳市场纳管行业范围内，其余 80 家企业均在碳市场控排企业名录内。截至 2019 年年末，省内电力、钢铁、有色、石化等多个行业的企业同时被纳入两个试点交易。

4. 福建省“两权”协同协调机制的工作基础

依据上述情况，针对福建“两权”市场核算方法和覆盖范围具有高度重叠的特点，分别从管理机制和制度设计两个层面开展研究，探讨“两权”市场协同协调机制。

（1）管理机制。

从管理层面来看，“两权”市场交易主管部门不同，福建用能权市场和碳排放权市场的主管机构分属福建省工信厅与福建省生态环境厅。但是通过对比分析可以看到，首先，主管部门对各自市场的主要职责非常相似，基本职责都包括对整个市场进行监督管理、确定纳入范围、确定配额、指标总量、确定配额、指标分配方案、对第三方数据及审核报告进行抽查复核等。但是在碳排放权市场建设过程中，主管部门委托第三方机构对报告及现场进行核查方面，省生态环境厅主要通过建立第三方核查机构名录库，开展第三方机构的遴选及资质授权，对重点排放单位的碳排放报告进行第三方核查。而用能权市场并未建立第三方核查机构名录库，通常是通过社会公开招投标方式确定第三方机构。其次，“两权”市场的管理层级设置非常相似，不同级别主管部门负责各自的事项。用能权市场和碳排放权市场的市级主管部门均负责提出本行政区域纳入市场的交易主体名单，向省人民政府主管部门上报；省级主管部门负责制定整体配额、指标分配方案并确定核心方法，市级主管部门负责按照各自行政区域实际情况进行核实发放等实际执行。最后，从管理职能及支撑机构的设置来看，主管部门均设置了技术支撑单位，从技术层面协助管理部门落实市场建设和监管工作，建设数据报送系统、注册登记系统建设，开展能力建设，组织开展能耗数据报送和审核等。其中，用能权市场由省节能监察中心作为主要技术支持方，碳排放权市场由省经济信息中心作为支撑单位。

虽然用能权市场和碳排放权市场的管理架构及职责设置非常类似，但因主管部门不同，因此“两权”市场开展协同协调机制在管理层面仍然存在较多问题。主要包括“两权”市场主管部门之间资源缺乏共享，部门之间缺乏系统性统筹协调。虽然碳排放主要来自能源消耗，但由于各自关注重点不同，各自技术领域也存在差异，实现技术支撑部门的合并也存在困难。

主管部门为尽可能减轻企业负担，降低管理成本，曾采取了相应的举措。例如，2018 年省火力发电行业能源消费的第三方核查数据全面采用碳核查数据，但是对两个制度规制对象如何区分，对同一交易主体如何并行或衔接仍存在很大的挑战。

福建区域“两权”市场主管部门、相关方及职责对比情况详见表 5-1。

表 5-1　福建区域“两权”市场主管部门、相关方及职责对比

	用能权交易	碳排放权交易
省级主管部门	福建省工信厅	福建省生态环境厅
	用能权交易的监督管理； 确定纳入用能权交易的行业和主体范围； 制定用能权指标总量设定和分配办法，确定年度用能权指标总量； 制定年度用能权指标的分配方案； 委托第三方机构用能权交易主体的年度能源消费量报告进行现场核查； 对第三方机构出具的审核报告进行抽查复核； 确认用能权交易主体上年度的能源消费量	负责碳排放权交易市场的监督管理； 公布纳入碳排放权交易的温室气体种类、行业范围和重点排放单位确定标准； 设定年度碳排放配额总量，制定碳排放配额分配和管理细则，报省人民政府批准后向社会公布； 制定碳排放配额具体分配方案； 对交易机构的业务实施监督管理； 组织专家对碳排放报告进行评估，评估结果送设区的市人民政府碳排放权交易主管部门； 建立第三方核查机构名录库，对重点排放单位的碳排放报告进行第三方核查； 对核查报告进行抽查
市级主管部门	市工信局	市生态环境局
	提出本行政区域用能权交易主体名单，报省人民政府用能权交易主管部门审定 用能权交易主体发生增减设施、变更、合并、分立等重大变化向上报告	提出本行政区域重点排放单位名单，报省人民政府碳排放权交易主管部门审定并向社会公布 核定本行政区域重点排放单位的免费分配配额数量，通过注册登记系统向本行政区域的重点排放单位免费发放
技术支撑机构	省节能监察中心	省经济信息中心
	加强队伍建设，协助落实市场建设和监管工作，发挥能耗在线监测平台作用，组织开展能源消费量数据报送和审核，承担能源消费量数据报送系统、注册登记系统建设和能力建设； 负责能源消费量数据报送、系统的建设和运行维护、用能单位数据采集与分析，第三方机构管理； 根据当日的交易情况在注册登记系统中变更用能权指标权属	作为碳排放权交易的技术支撑单位，负责碳排放报送系统、注册登记系统的建设和运行维护等相关工作

	用能权交易	碳排放权交易
交易部门	海峡股权交易中心	
	制定交易规则； 建立交易系统； 建立交易信息披露制度； 建立和执行风险管理制度	制定交易规则； 建立交易系统，并与注册登记系统等信息平台联网； 建立交易信息披露制度，及时公布交易行情、成交量、成交金额等交易信息，并及时披露可能影响市场重大变动的相关信息； 建立和执行风险管理制度
其他机构	福建交易市场登记结算中心	福建省人民政府金融工作机构
	根据当日的交易情况办理交易参与方的资金结算，完成与交易有关的款项收付	全省碳排放权交易场所的统筹管理部门，负责碳排放权交易场所准入管理、监督检查、风险处置等监督管理工作

（2）制度设计。

分析“两权”市场的政策目标可以看到，国家顶层设计中对用能权市场和碳排放权市场最终实现的政策目标存在差异，碳排放权市场主要是实现碳排放的强度控制为主，用能权市场则是要实现总量和强度双控。因为政策目标及顶层设计存在不同，“两权”市场在管控对象、核算边界、核算方法等各方面均存在差异。

在配额（指标）分配方面，因政策目标及管控重点不同，会导致“两权”市场的配额、指标分配机制存在不同。虽然报告详细对比了电力行业及水泥行业的配额、指标分配机制及方法，且针对这两大行业，用能权市场和碳排放权市场均采用的基准线分配方法，配额指标总量由既有配额、指标、政府预留配额、指标两部分组成，分配流程也非常类似，但是福建“两权”市场的主管部门仍然各自制定了配额、指标分配方法及分配程序，即便同是采用基准线分配方法的行业，因使用的基准年或基准区间年不同，数据差异也很大，目前并不能在数据层面实现协同。

而在MRV方面，能源消耗与碳排放核算也有差异，福建省直接采用国家碳排放核算方法及指南开展碳排放核算，但由于国家的能耗核算指南并未出台，为了明晰能耗核算边界，福建省单独出台了本省的企业能耗核算指南，即《企业综合能源消费量核算与报告指南》。对比国家碳排放核算指南和福建省能耗核算指南，可以发现电力行业在“两权”市场的核算边界一致度最高。因此，2018年用能权市场的主管部门省工信厅对接碳排放权市场的主管部门省发展改革委，采用了发电行业的碳排放权核查中的煤耗量和热值数据。但“两权”市场仍是分别独立核查。除电力行业外，其他行业边界不完全一致，目前无法实现数据相互借用。由此可见，要在数据层面实现协同应核算边界要统一，在此基础上，可实现在能源消耗与碳排放相关度高的行业中建立能耗数据和碳排放数据转化系数，使两者之间可以相互转化。而对第三方机构选取，用能权核查机构以社会招标为主，与碳排放核查第三方选取方式存在不同，不过仍有很多机构同时具备碳排放权和用能权核查资格，但同一个机构同时承担一个企业的用能权和碳排放权第三方核查的机会并不大。下一步应逐步完善第三方资质认可及选用标准，尽量实现纳入“两权”交易的同一家企业应由同一家第三方机构一次性完成能耗和碳排放核查工作，提高数据使用效率。

在基础支撑系统方面，涉及“两权”市场的统计报送、注册登记、交易平台及结算系统。其中，福建省节能监察中心负责能源消费量数据报送系统的建设和维护，实现数据报送，而碳排放数据通过福建省碳交易信息管理与在线报送平台进行数据报送。但是福建省的“两权”交易均在海峡股权交易中心完成交易，用能权交易和碳排放权交易的交易方式都是挂牌点选、协议转让、单向竞价 3 种。在海交所是通过同一交易系统及同一结算系统完成交易结算。目前相同的重点用能单位及排放单位，同时被纳入“两权”交易市场的使用同一账号即可完成交易。而交易系统与用能权注册登记系统、碳排放注册登记系统等信息平台联网，主管部门希望数据与全省统一的公共资源交易平台、电子行政监督平台对接，实现数据对接、信息共享。据调研，目前受技术手段及政策等各方面因素影响，通过各系统平台提供数据对接、信息共享的功能并未实现。下一步应逐步实现数据报送系统的统一或者相互打通，减少企业同时填报多个系统的工作负担。

福建省“两权”市场制度设计对比详见表 5-2。

表 5-2　福建省“两权”市场制度设计对比

	用能权交易	碳排放权交易
相关政策	福建省用能权交易管理暂行办法（立法工作小组推动，省人民政府发布，省人民政府令，自 2020 年 3 月 1 日起施行） 福建省用能权有偿使用和交易试点实施方案（2017 年 12 月 28 日） 火力发电企业综合能源消费量核算与报告指南（9 个行业综合能源消费量核算与报告指南，福建省节能监察中心） 水泥制造企业综合能源消费量核算与报告指南 福建省 2019 年用能权指标分配方案	《福建省碳排放权管理暂行办法》政府规章 《福建省碳排放权交易市场建设实施方案》 《碳排放权抵消管理办法》 《碳排放交易第三方核查机构管理办法》 《福建省重点企（事）业单位温室气体排放报告管理办法（试行）》 《福建省碳排放配额管理实施细则（试行）》 《福建省 2018、2019 年度碳排放配额分配实施方案》 《福建省碳排放权交易规则（试行）》

	用能权交易	碳排放权交易
覆盖范围	火力发电（不包含自备电厂）、水泥制造、炼钢、原油加工、合成氨、玻璃、铁合金冶炼（工业硅冶炼参照铁合金冶炼行业进行指标管理）、电解铝、铜冶炼等行业中，年综合能源消费量达到 5 000 t 标准煤及以上的用能单位，合计 100 家用能单位纳入指标管理，名单实行动态管理	纳入电力、钢铁、化工、石化、有色、民航、建材、造纸、陶瓷 9 大行业，2013—2015 年中任意一年综合能源消费总量达 1 万 t 标准煤以上（含）（即排放约达 2.6 万 t 二氧化碳当量）的企业法人单位或独立核算单位。 2018 履约年度，纳入企业数为 255 家； 行业分布上，除国家规定 8 大行业外，福建省陶瓷行业作为特色行业被纳入碳交易，企业数达 119 家，占比 42.96%
配额（指标）分配	指标结构：指标总量由既有产能指标、政府预留指标两部分组成。政府预留指标用于市场调节和新增产能指标发放等。 具备总量控制条件的行业，确定纳入行业的用能权指标总量，再进一步针对各用能单位进行年度用能权指标分配。 火力发电行业暂不具备总量控制条件，依据指标方案分配方法确定的各用能单位指标累计量为火力发电行业用能权指标总量	2018、2019 年度配额总量由既有项目配额、新增项目配额和市场调节配额三部分组成。市场调节配额用于市场灵活调节，防止配额过紧或超发，额度为配额总量的 10%。 发电、水泥、电解铝、平板玻璃等行业重点排放单位采用基准线法分配配额； 电网、铜冶炼、钢铁、化工、原油加工、乙烯、纸浆制造、机制纸和纸板、航空、机场、建筑陶瓷及卫生陶瓷等行业重点排放单位采用历史强度法
数据报送	省节能监察中心负责能源消费量数据报送系统的建设和维护，实现数据报送	通过福建省碳交易信息管理与在线报送平台进行数据报送，编制年度碳排放报告
MRV 体系	用能单位应每月 15 日前报告上月能源消费量数据，并于每年 2 月最后一个工作日前通过福建省用能权交易信息管理与报告在线平台完成上一年度能源消费量报告的编制工作，经设区市工信部门审核，提交给福建省节能监察中心汇总后，报福建省工信厅。用能单位应当于每年 4 月最后一个工作日前通过福建省用能权交易信息管理与报告在线平台将经过第三方审核的能源消费量报告提交至福建省节能监察中心，福建省节能监察中心汇总后，报福建省工信厅	重点排放单位于每年 4 月 30 日之前将经核查的碳排放报告通过省碳交易信息管理与在线报送平台提交给设区市主管部门，由其审核后上报省经济信息中心

	用能权交易	碳排放权交易
履约机制	未足额清缴的，应当从下一年度指标中扣除未足额清缴部分的用能权指标。 用能权交易主体出现不提交能源消费量报告、拒绝核查、不按时履行清缴义务任一种情况时，主管部门责令限期改正；逾期未改正的，处 1 万元以上 3 万元以下罚款	重点排放单位未足额清缴配额的，由设区的市人民政府碳排放权交易主管部门责令其履行清缴义务；拒不履行清缴义务的，在下一年度配额中扣除未足额清缴部分 2 倍配额，并处以清缴截止日前一年配额市场均价 1～3 倍的罚款，但罚款金额不超过 3 万元。对于重点排放单位妨碍第三方核查和第三方机构自身失职的行为也规定了 1 万～3 万元的罚款
平台建设	海峡股权交易中心建设用能权指标交易系统，提供交易账户管理、用能权指标划转等交易服务	碳交易信息管理与在线报送平台、碳排放配额注册登记系统、碳排放交易平台
交易情况	交易机构：海峡股权交易中心 交易方式：挂牌点选、单向竞价、协议转让 交易主体：包括用能单位和符合交易规则要求的其他法人单位。用能单位包括应当纳入用能权交易的单位和自愿参与用能权交易的单位。 交易规则：《福建省用能权交易实施细则》	交易机构：海峡股权交易中心 交易方式：挂牌点选、单向竞价、协议转让 交易主体：重点排放单位以及其他符合交易规则且自愿参与碳排放权交易的公民、法人或者其他组织 交易产品：碳排放配额、国家核证自愿减排量以及鼓励探索创新的碳排放权交易相关产品
其他制度	信息披露制度：建立交易信息披露制度，及时公布交易行情、披露可能引起市场重大变动的相关信息。 风险管理制度：交易机构应当建立和执行与用能权交易相关的风险管理制度	信息披露制度：纳入碳排放权交易的温室气体种类；纳入碳排放权交易的行业；纳入碳排放权交易的重点排放单位标准以及名单；碳排放配额的分配方法；碳排放配额使用、存储和注销的规则；年度重点排放单位的碳排放和配额清缴情况；第三方核查机构的名录库；经确定的交易机构名单；其他依法应当公布的信息。 信用管理制度：建立重点排放单位、第三方核查机构、交易机构和其他市场参与者参加碳排放权交易的相关行为信用档案，纳入信用管理体系，建立守信激励和失信惩戒制度

（二）福建省“两权”协同协调机制的具体措施

针对福建省用能权市场和碳排放权市场的协同协调，提出以下建议。

首先，因国家层面对“两权”市场的顶层设计及政策目标不同，福建省“两权”市场的主管部门不同，加之管理部门下属的技术支持部门的专业能力各有侧重，虽然福建省“两权”市场的覆盖领域存在高度重叠，但短期内在管理方面实现“两权”市场的协同仍存在一定困难，工作开展难度较大，建议协同工作应分阶段、分步骤合理有序开展。

其次，福建省“两权”市场也面临着报送数据不同、报送系统不同，各自核算指南的核算边界范围和计算口径不同等问题，以上差异也增加了“两权”市场协同衔接的难度。

因此，建议首先选取部分能源消耗数据与碳排放数据紧密相关的行业（如火力发电行业），通过统一核算边界、修订核查指南、建立能耗数据和碳排放数据转化系数、使用相同第三方核查机构等举措。在 MRV 层面开展数据监测、数据报送及第三方核查等部分协同，减少同一交易主体重复编制内容相似的报告、面对不同的第三方核查机构、应对不同的核查履约等烦琐要求，在降低政府行政成本和企业负担的同时，最大限度减少公共资源的浪费。

再次，对于同时纳入“两权”市场的企业，因福建省用能权交易和碳市场交易均在海峡交易中心使用同一账户在同一个交易系统完成交易，其他方面如能源消耗量及碳排放数据处理、上报、各自报告撰写、应对不同第三方核查、完成不同市场履约等方面存在工作重复的问题。如实现上述 MRV 数据协同，能有效避免重复的数据收集、计算，能实现真正意义的“两权”事宜合并。

最后，考虑到能源消耗数据比较全面，计量更为可靠，且能源数据可直接转化为碳排放数据，建议福建区域“两权”交易主管部门提供统一的基础数据报表，通过政府提供的转化因子实现不同的数据需求；而且，建议主管部门合并核查，简化报告撰写及第三方应对核查机构的流程。

参考文献

［1］李遐桢，王虹玉．论用能权的法律属性［J］．广西社会科学，2018（3）：89-93.

［2］国家节能中心．河南省出台办法规范用能权有偿使用和交易［J］．资源节约与环保，2019，209（4）：3.

［3］王明远．论碳排放权的准物权和发展权属性［J］．中国法学，2010（6）：92-99.

［4］王彬辉．我国碳排放权交易的发展及其立法跟进［J］．时代法学，2015，13（2）：13-25.

［5］马景富．用能权交易中用能单位的履约行为奖惩机制研究［J］．节能，2017，36（11）：4，9-12.

［6］蔡颖慧．用能权交易与碳排放权交易之比较［J］．中国管理信息化，2016，19（20）：27.

［7］刘明明．论构建中国用能权交易体系的制度衔接之维［J］．中国人口·资源与环境，2017，27（10）：217-224.

［8］浙江省经济和信息化厅．关于推进我省用能权有偿使用和交易试点工作的指导意见［EB/OL］．（2015-05-28）［2020-03-05］．http：//www.zj.gov.cn/art/2015/6/5/art_1553138_7705. html.

［9］韩英夫，黄锡生．论用能权的法理属性及其立法探索［J］．理论与改革，2017（4）：159-169.

［10］丁丁，潘方方．论碳排放权的法律属性［J］．法学杂志，2012，33：103-109.

［11］黄薇，黄晨宏，李树青．中国碳市场发展及电力行业参与策略分析［J］．能源与环境，2020，158（1）：4-5.

［12］吴文建，陶宇，陶佳佳．重庆碳交易市场发展困境及对策研究［J］．经济纵横，2019，243（27）：212.

［13］裴庆冰．我国用能权交易与其他资源环境权益交易制度比较研究［J］．工业经济论坛，2017，2（425）：43-48.

［14］江学书．用能权和碳排放权交易制度的比较分析研究［J］．化学工程与装备，2017，8（247）：305-306.

［15］王遥，崔莹，洪睿晨，等．2018 中国环境权益市场报告［J］．环境经济，2019，258（18）：19-46.

［16］李彦．福建碳排放交易试点的现状、问题与建议［J］．宏观经济管理，2018，（2）：66-71.

［17］陈昊．广东碳交易成效显著［J］．环境，2019，12：56-58.

［18］何建坤．积极推进中国特色全国碳排放权交易市场建设，2019.

［19］张昕．全国碳市场建设的新要求与行动［J］．环境保护，2019，65（16）：11-14.

［20］何秋洁，王静，何南君．碳市场建设路径、国际经验及对中国的启示［J］．经济

论坛，2019，(10)：139-145.
[21] 公丕芹，辛升，裴庆冰，等.用能权有偿使用和交易难点及对策 [J].中国能源，2018 (11)：28-30.
[22] 江学书.用能权和碳排放权交易制度的比较分析研究 [J].化学工程与装备，2017，8 (247)：305-306.
[23] 孙维.用能权交易的几点思考 [J].浙江经济，2018，640 (14)：40-40.
[24] 李远，朱磊.用能权交易与碳市场的协同效应及高耗能行业的策略研究 [J].工业技术经济，2019，38 (7)：136-142.